子どもの初航海

――遊び空間と探検行動の地理学――

寺本 潔・大西宏治 著

古今書院

The Children's Original Voyage
: Spatial Abilities and
Searching Behavior

Kiyoshi TERAMOTO
Koji OHNISHI

kokon shoin, Publishers, Tokyo

2004 ©

プロローグ：地理と子ども

　地理学の本なのに「子ども」という言葉を使用した本書に，奇異な感じを持たれるかもしれない．しかし，地理学の扱う空間や場所は，人間にとって生きる場であることは同意して下さるであろう．子どもという誰でも経験してきた存在にとって地理はまさに未知の海原である．子どもも現代という社会の中で3次元の世界に生きている．子どもと地理の関係を考える際，単に地理学の基礎を教える地理教育というジャンルだけでとらえるのでなく，現代社会に船出し，生きる存在として子どもをとらえ，地理学の方法論によってその実態の一端を解明する試みが必要である．

　子どもは，大人と異なり，空間の認識や行動のパターンが特徴的だ．また子どもは個として独立した存在である部分と大人との関係性の中でしかとらえられない部分の両面を持っている．つまり，発達心理学の立場からとらえられるように成長の過程として子どもを位置づけると同時に，社会学の立場からとらえられる集団や組織，社会性といった側面からも位置づける必要がある．これら二つの学問体系に共通して地理は子どもと強く関係している．なぜなら，発達成長に伴い，あたかも航海に出て行くように子どもは地理空間の認知も発達させるし，同時に子どもが生きる場である社会（地理）空間も主体化し，小さな市民として社会化し続けていくからである．

地理学は場所の相違に着目する学問である．したがって，子どもを対象にした地理学も地域の地理的条件の違いに伴い，子どもの生きる姿も異なるのではないかという仮説を持っている．自然の豊かな場所で生きる子どもと，過密度の高い都市に生きる子どもとでは，何が異なるのかも興味深いテーマであるし，先進国と途上国という経済格差からみた違いも解明したいテーマである．認知地図や行動発達，場所イメージ，教育条件の違いなど，いくつかのキーワードもこの課題で重要視したい用語である．

　幸いなことに，人は誰でも幼い子どもの頃を懐かしむ．いわば地理的発見期としての子ども時代を原風景のひとこまとして鮮明に覚えている．つまり，誰でも子どもの地理空間に関与しうるのである．子どもにとって地理空間とはどういった役割を果たすのだろうか．大人の管理やもしくは放任によって地理空間が著しく制限されたり，あるいは茫漠としたりすることで，はたして子どもは正常に成長するのであろうか．改めて子どもと地理との関係を根本に立ち返って考える機会を本書で実現できたら嬉しい．

　本書の構成は3部から成り立っている．第Ⅰ部では人文地理学が子ども時代の原風景の読取りやまちを認識するプロセスを考えるうえで有効なアングルであることを論じている．人文地理学が心理学や教育学，社会学などと並んで子ども研究に参画できる視座を明らかとする．

　第Ⅱ部は，事例研究である．地理的な環境条件の違いを鮮明にしつつ，研究手法でもいくつかのユニークな試みを行った．写真投影法や手描き地図，地図上での位置認識といった独特な手法も展開した事例が報告されている．

　そして第Ⅲ部において今後の展望も睨みつつ，バラエティに富んだ課題を提示した．荒削りながらも，地理学的研究が有効であることを論じたつもりである．

　人文地理学における子ども研究は緒に就いたばかりである．確固たる分析枠さえもできていない．しかし，他学問における子ども研究の隆盛を手をこまねいて眺めているわけにはいかない．子どもの成長にとって場所の重要性を指摘

できるのは地理学なのである．ささやかな試みではあるが，地理学の面白さを本書を通して感じてほしい．そして，地理という海原に漕ぎだす子どもの初航海と共に船出してほしい．地理学を学び始める学生さんにとっても，人文地理学の研究者にとっても子どもを対象にすることの魅力を知ってもらえたら，望外の喜びである．末筆ながら，本書の編集・刊行にあたって古今書院の関 秀明さんに大変お世話になった．記して感謝の意を表したい．加えて本書をこども環境学会の設立（2004年5月）の中軸になって尽力されている仙田 満先生（東京工業大学教授）に謹呈致します．

著者を代表して

2003年12月

寺本　潔

目　次

プロローグ：地理と子ども　〈寺本〉　i

第Ⅰ部　地理という海原との出会い

第1章　子ども時代の原風景　〈寺本〉 …………………………………… 2
　(1)　原風景の要素　2
　(2)　わたしの原風景　4
　(3)　昆虫少年の地理空間　7
　(4)　子どもにとっての道空間　11

第2章　知らない街に降り立った大学生　〈大西〉 ……………………… 17
　(1)　知らない街に暮らしはじめて　17
　(2)　子どもはどのように地理空間を覚えるのだろうか　20
　(3)　大人になって街を探検してみる　22
　(4)　地理を航海する力を持って　24

第3章　地理学における子ども研究　〈大西〉 …………………………… 26
　(1)　地理学で取り残された子ども　26
　(2)　地理学で子どもが取り上げられるまで　27
　(3)　子どもの環境知覚　28
　(4)　子どもの遊び空間の研究　29
　(5)　遊び空間の時代的変遷　31

⑹　社会の中の子ども　33
　⑺　結論と課題　36

第Ⅱ部　地理への初航海：子どもの空間認知の発達

第4章　山村に生きる子どもの世界　〈大西〉……………………………38
　⑴　手描き地図の分析　38
　⑵　手描き地図の描かれた範囲　45
　⑶　手描き地図の学年間の変化　50
　⑷　手描き地図に反映された物理的な環境　51

第5章　手描き地図にみる身近な地域の構造化　〈寺本〉………………55
　⑴　手描き地図を描く　56
　⑵　「身近な地域」の特性　58
　⑶　座標系の発達　64

第6章　写真に示される子どものまなざし　〈寺本・大西〉……………69
　⑴　研究対象地域と調査の方法　70
　⑵　手描き地図にあらわれた知覚環境　72
　⑶　景観写真に投影された知覚環境　78

第7章　広い地域のメンタルマップ　〈寺本〉……………………………84
　⑴　研究の対象と方法　84
　⑵　県内市町村の認識内容　93
　⑶　県内市町村の位置認識　98

第Ⅲ部　島々への航海：子どもが抱く様々な空間

第8章　児童文学に描かれた子どもの地理　　〈寺本〉·················· 110
　(1)　『ムーミン』とトーベ・ヤンソン　　112
　(2)　作品中の子どもが生きる世界　　115
　(3)　子どもの遊びと探検行動　　123

第9章　世代間変化にみる遊び場　　〈大西〉·························· 131
　(1)　調査方法　　132
　(2)　アンケート調査の結果　　133
　(3)　各世代の子どもの生活空間　　137

第10章　社会の変化と遊び空間　　〈大西〉··························· 147
　(1)　ドメインの増大　　147
　(2)　プログラム化の進展　　148
　(3)　デイリーパスからみる遊び空間の時代変化　　149

エピローグ：子どもにとっての地理空間の回復にむけて　　〈大西〉　155
引用文献・参考文献　　158
索　引　　162

第Ⅰ部

地理という海原との出会い

抜け道
両側の家が高いために昼間でも薄暗く,不気味な感じのする抜け道である.

第 1 章　子ども時代の原風景

　本章では，子ども時代の思い出の地理空間を風景の視点から分析する原風景研究の導入を述べ，かつて幼い頃に遊んだ秘密基地や昆虫少年としての体験を振り返りながら，地理という海原に子ども自身が航海していく姿を描いてみたい．

(1)　原風景の要素

　「原風景」とは，生まれてから7，8歳ごろまでの，父母との関係や家の近くの遊び場，友達との体験など環境によって無意識のうちに形成され深層意識の中に固着する記憶像と言われている．要するに「思い出の場所」である．
　「幼稚園児から小学生時代にかけての記憶の中で，忘れられない屋外での遊びの記憶や，遊び場の様子（周辺の風景も含めて）を1つだけ思い出し，スケッチして下さい．」という課題を18～19歳の大学生（236名）に課してみたことがある．「原風景画」と名づけたそれらのスケッチを分類してみると，秘密基地（54人）・高所（38人）・田畑（24人）・穴（16人）・水辺（14人）と続き，それ以外は分類できないほど，個々人ごと個性的で多様な思い出が描かれた．宇宙人の空き家と思って探検したり（写真1-1），基地づくりを仲間と楽しんだ

第1章 子ども時代の原風景　　3

写真1-1　空き家への探検

りした経験，小高い丘や電柱・フェンスに上って遠くをみた経験，刈り取り後の田で凧揚げをしたり，用水路でザリガニを捕ったりした水辺の記憶などは，目だって共通の原風景である．

　しかし，こうした調査を講義の合間にこの10年近く続けてきたが，年々描かれるスケッチがつまらないものになってきた．秘密基地をつくった思い出も若年化してきて，しかも基地の建設が小規模化している．小学生高学年段階での思い出として基地づくりが語られた例はグッと少なくなってきた．怖い場所体験も臨場感がいまひとつ感じられない．「これといって別に思い出すような場所はありません」と言い返してくる学生もいる．原風景の風化が始まっているのかもしれない．原風景が長期記憶として形づくられるためには，印象的な場所体験の中に一種の「まとまり」が必要である．同じ場所に繰り返し探検に行ったり，愛着のある遊び場でいろんな原体験を積むことが大切だ．しかも，この時期の子どもは遊びに拠点を欲するようになるので，占有できる空間が用意されることも大切だ．

(2) わたしの原風景

　わたしは，幼い頃（昭和30年代後半），熊本市の住宅地に育った．人口が急増しつつあった市の東部に位置する母校（小学校）は，2000人を超す児童数でいわゆるマンモス校の一つであった．小学校3年生の秋だったと記憶しているが，学校帰りに中学の校庭の端にわずかな段丘崖(だんきゅうがい)があり，そこに少しばかりの竹林があった．わたしは，仲間3名と一緒に竹を踏み倒し，四畳ほどの竹に囲まれたスペースを建設したのだ．そこには，どこから拾ってきたのか覚えていないが，確かに椅子とちゃぶ台を置き，ダンボールでゲートも作り，敵が攻めてきた時に使う竹やりもつくったことを鮮明に覚えている．もちろん，その秘密基地は放課後に仲間と集まり，数週間利用し，その中で漫画本を心置きなく読みふけったり，けっこう危ない遊びを夕暮れまで楽しんだものだ．

　よくテレビ番組や雑誌上で子どもたちが自宅の庭の樹の上に小屋をつくっている光景をみかけるが，あれは「基地」ではあっても秘密基地ではない．秘密の条件が加わるかどうかが，重要な要素の一つのような気がする．

基地の地図表現

　子どもがテリトリーを広げたり，独特の呼び名で遊び場を呼んだり，怖い場所をスリル感を楽しみつつ探検する姿は，まるで「小さな探検家あるいは地理学者」であるとの認識に立ち，わたしは子どもたちに地域の手描き地図を描くように依頼してきた．これまで3000人を超す小・中学生の地図を収集し，描かれた内容から，遊び行動の範囲や特徴を分析したり，そのうちの何人かは，実際にフィールドワークを通して研究してきた．そうして収集した地図の中に図のような秘密基地を描いた例があった（図1-1・図1-2参照）．

　図1-1は，7歳の女の子が描いた例で，自宅近くのブドウ畑の地面に，蝉の幼虫（抜け殻）と花を隠したと書かれている．おそらくブドウ棚の下が，天井

第 1 章 子ども時代の原風景　　5

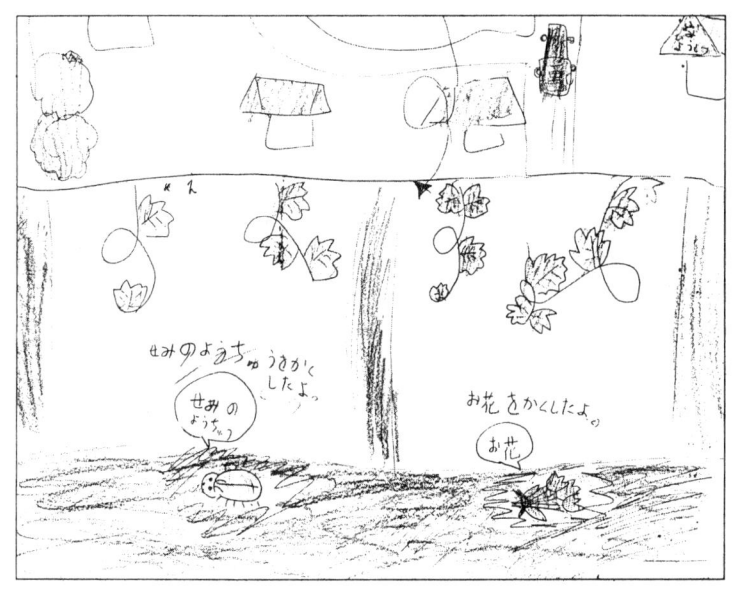

図 1-1　7 歳女子の描いた秘密基地

が低くて落ち着ける雰囲気だったのだろう．思い出した描いてもらった図なのだが，この図のブドウの蔓は，じつに写実的に描かれている．ブドウ棚の下のこの場所でくつろいで蔓を眺めていたのだろうか．小動物や身近な植物との触れ合いが濃厚なこの時期の子どもの特性をよく示している．

　ところで，子どもはなぜ野外に秘密基地をつくりたがるのだろうか．自我の芽生えとか，自治的な空間を建設したい本能があるからだ，との解説もきいたことがあるが，いまもってよくわからない．民俗学の大家の先生には，子どもに動物的知覚が残っているからだ，とも伺ったことがある．

　いずれにせよ，秘密基地をつくっていた頃の自分をわたしは鮮明に覚えているし，図を描いてくれた小学生も生き生きと紹介してくれている点から，こういった空間づくりは子どもにとって一種の発達課題に近い経験に違いない．そう言えば，フィールドワークで垣間見た秘密基地の子どもたちの顔も輝いてい

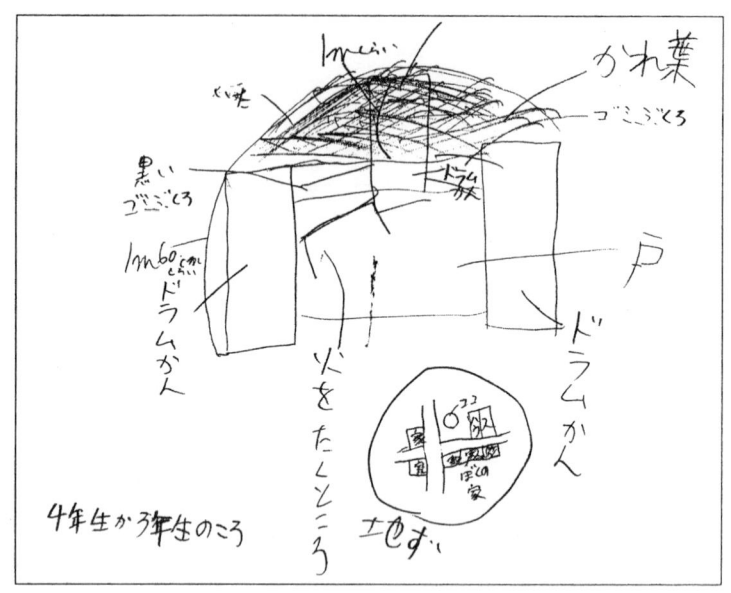

図1-2　11歳男子の描いた秘密基地

た．しかし，ここ数年の間，野外で子どもによる秘密基地をみつけたのは，めっきり減少した．統計的にとってみたわけではないので，あくまで経験的な見地からの推測である．5年前，三重県の志摩地方の漁村を歩いていたとき，海岸のテトラポットの中でみつけた秘密基地以来，ある程度の規模の基地，つまり屋根を設けていたり，内部に遊び道具を持ち込んでいたりする秘密基地はみかけなくなった．なぜであろう？

　いわゆる，三間（遊び時間・遊び空間・遊び仲間）の消失のせいなのか，それとも遊び場に対する大人の監視がきつくなったためか．わたしは，秘密基地づくりが，より刺激的なTVゲーム遊びにとってかわられたからであると考えている．いまや，ゲームは一昔前にくらべ，格段におもしろいソフトが増えているし，しかも子どもたちが専用の個室を手に入れたことから，自分の部屋がいわば秘密基地化している．TV画面の前で，一人かせいぜい二，三人の仲間

と一緒にゲームの中で疑似探検し，拠点を見出だしている．わたしは，昔の子どもはよかったというようなノスタルジーに浸ってゲーム遊びを非難したくはない．それよりむしろ，子どもの生活に彩りを施す意味で積極的評価を与える時代に入っていると感じている．

日本の子どもの生活にかつてのような秘密基地がよみがえることは，もうないかもしれない．学生のとき，子どもはギャング・エイジの時期に徒党を組むようになる，と児童心理学の講義で聞いたことがあったが，そのギャングたちがいない．欧米や日本のいくつかの都市でみられるように，都市の中に「冒険遊び場」（プレイパーク）が増え，基地づくりはその中でしか体験できなくなるかもしれない．街角で目を輝かせて基地づくりに走り回っている子どもたちの姿はもうみられないのだろうか．再び，わたしの思い出にかえって恐縮だが，秘密基地に入ると不思議と気持ちが落ち着き，自分の姿を自分でとらえることができた気がしたものだった．何とも表現しにくいが，言い換えるなら，自己再生の場所であったようだ．子どもたちに，野外における遊びの拠点を取り戻してあげたいものである．

(3) 昆虫少年の地理空間

今からちょうど15年前，私は愛知県奥三河地方の津具村（つぐむら）という小さな村に「子どもの自然認識調査」を目的にたびたび通っていた．戸数600戸ほどの小さな盆地の村で，小学生を対象に生き物の捕獲経験の有無や名前を知っているか，その生き物がどんな場所でみつかるか，などについてフィールドワークを通して調べていた．当時，すでに都会の子どもたちの間ではTVゲームが流行だし，遊び空間の個室化・孤立化が顕著になりつつあったが，この村は豊かな自然環境に恵まれているので，素晴らしい自然認識を持った「昆虫少年」のような児童がきっといるものと調査の前から感じていた．案の定，川の魚について尋ねてみたところ，フナ・アユ・ニジマス・ザコ・ヘイクソ・アメノウオな

表1-1 川の魚が棲息する場所のちがいとその場所に対応すると認知された魚

インフォーマント		流れが速い	流れが遅い	深い	浅い	澄んでいる	濁っている
2年	一志	—	—	ニジマス アユ	—	—	アメノザコ
	篤	—	アユ	ヘイクソザコ アユ	—	アユ	—
	宏良	—	ヘイクソザコ	—	—	—	ヘイクソザコ
	早苗	—	ヘイクソ	—	ヘイクソ	ヘイクソ	—
3年	淳二	—	—	—	アユ ザコ	—	—
	知和	—	メダカ	—	—	—	—
	珠美	—	—	—	ザコ	—	—
4年	勝利	アユ	ニジマス ザコ	—	ニジマス	—	フナ
	悟	ニジマス	—	ニジマス ウナギ	ヘイクソ ジンタン	アユ	—
	豊	—	ヘイクソザコ	—	ヘイクソザコ	ニジマス アメノ	—

津具小2, 3, 4年生からの聞き取りより

どといった9種類もの名称が小学2年生から4年生までの子どもたちの持つ知識として確認された（表1-1）．それも，すべて実際に触ったり，捕まえたりしたことのある魚に限ってである．ザコとかヘイクソという方言名が混じっているのが，そのことを伺わせた．

昆虫についても，幾種類もの名前を子どもたちは知っていた．カブトムシやクワガタムシ，セミ，トンボの類いは皆と言って良いほど，捕獲経験を持っていた．また，多くの名も無い虫についてもいろいろなことを知っていた．さらに，驚くことは，それらの魚や昆虫が川や森のどんな場所に棲んでいるのかも，識別できるのである．

たとえば，当時4年生だった勝利君は，いろいろな魚の棲む場所を川の流れの「速い・遅い・深い・浅い・澄んでいる・濁っている」という6つの基準で識別でき，しかもそれらの場所の把握と魚捕りの遊び行動が，長さ7～8kmも

ある村の盆地のほぼ全域にまで及んでいたから驚きであった．これは，ある意味で民俗分類（フォークタクソノミー）と呼ばれる認識にも近いのかもしれないと当時，わたしは考えていた．捕まえ方も凝っていた．30cmほどのタモ網や「ひっかけ」というモリのような道具が子どもたちの家にはあった．祖父や父親，兄弟から捕り方を教わったというから，いわば文化の伝承が続いていた．

また，女の子の野草についての知識も多種多様であった．シロツメクサで花輪をつくったり，ササの葉でアメの形をつくったり，オオバコで引き相撲をするなど，自然の中で遊びを楽しんでいた．「自然児」とも呼べる津具村の子どもたちと出会ったわたしは，さわやかな印象とこのままでずっといてほしいと思う気持ちで一杯だった．

しかし，そのわずか4年後であったか，再び村を訪れ，簡単な聞き取り調査を行ったみたところ，夏休みというのに子どもの姿を村内で発見することは容易ではなかった．かつて，生き物の知識を披露してくれた子どもの家を訪問すると，彼自身は中学生でクラブ活動に忙しく，5年生になった彼の弟が友達といっしょに弁当持参で午前中から居間でTVゲームに没頭していたのだった．居間から見える彼らの目の前には，4年前と同じ美しい川が流れていた．

「昆虫少年」は復活できるか

答えは，「当分の間，復活できない」というのが私の正直な考えである．一部の昆虫オタクのような子どもは出てくるだろうが，かつて日本中の町や野山でみられた自然児の姿をみることは，意図的，つまり野外スクールのような教育機会を設定しなければ無理だろう．あるいは，昆虫や魚，草花との接触自体が一種のファッションのように流行したり，身近な生き物たちに関する知識保有が学力として求められたりすれば別である．それほど，実際の自然に触れる機会や時間は少なくなっている．解決策の一つとして，もっと都市の中を多自然型に改善することが大切だ．アウトドアと称して，わざわざ郊外に出かけなければ生き物と接触できないとすれば結局，非日常的体験となってしまう．日本

人の自然観はそういったものではないはずだ．道端の虫けらから妖怪変化にいたるまで，地理空間に潜む自然の相貌的知覚こそ再評価される必要があるのではないだろうか．

アニミズム

　宮崎　駿原作のアニメ映画『となりのトトロ』を観たことは，おありだろうか．作者の原風景が見事に映像化されたこの作品は，冒頭のシーンが特にリアルで印象的だ．小学4年生の草壁サツキとその妹のメイ（4歳）が，引っ越してきた田舎のボロ家を「お化け屋敷みたい！」と言い，家の中を二人で探検し始める場面がある．暗闇で「黒いのがザワザワーッ」と動くのに驚いて，父親に告げると「それは，マックロクロスケだよ」「明るいところから急に暗いところに行くと目がくらんでそう見えるのさ」と心暖かい共感的理解をまじえて説明される．この場面の後は，メイを中心に話が展開し，自宅の東隣にある「塚森」と呼ばれる神社に茂る楠の巨木の中で，トトロという森の精霊に出会うわけだが，姉のサツキには精霊が少し見えにくい状況が描かれている．サツキの年齢では，精霊が見えない大人の世界へと移りかける臨界期にあたるのかもしれない．

　ところで，樹木や水，岩，虫たちがあたかもヒトと同じような意識を持っていると考える心の在り方を「アニミズム」と言うが，子どもにも多分にそういった傾向は残っている．トトロの世界に入り込むメイとサツキは，学校で習う「知識という整理棚」ができる以前の体験的でイメージ豊かな知覚を保存していると言える．アニメだけでなく，児童文学にもアニミズムは描かれている．モンゴメリ作『赤毛のアン』では，少女アンが，移り住んだプリンス・エドワード島の村を一目で好きになり，自分の気に入った場所に自分で想像した名前をつけていく場面がある．作品の中では，「お化けの森」「輝く湖水」「ドライアドの泉」「すみれの谷」「樺の道」など植物や地形にちなんだ数多くの名前が場所につけられる．『赤毛のアン』は，作者自身の思い出を描いた自叙伝的な小

説と言われている．つまり，これらの話は子ども時代の環境の体験がいかに大切であるかを物語ってくれる．

　現在，日本の子どもをとりまく都市環境で，はたしてどれほど個性的なアニミズムやファンタジーの世界が感じられるか，と問われれば心もとない限りであろう．あるものと言えばアニミズムを形だけまね，キャラクター化した遊具や生き物のいない人工のせせらぎだけである．市街地の中に「塚森」のような鎮守の森はもう少ないし，あっても入ることは許されない．そして，なによりもメイやアンたちの体験にみるような想像力を育む機会やアニミズムを共感する大人たちがいない．

⑷　子どもにとっての道空間

　子どもにとって道路という公共空間が意識されるきっかけは，小学校への通学行為に始まる．なぜならば，幼稚園までの通園路は保護者同伴だったり，通学バスで通ったりする例が多く，一人で道路を歩く経験がそれほど積まれていないからだ．自宅から学校までの通学路という道路はその意味で一人ひとりの子どもにとっての認識の発達軸にもなっている．通学路で出会う自然や社会的な事象こそ，いろいろな場所の認識の始まりであり，大人になっても思い出すことのできる原風景のひとこまになる．こうした通学路を歩く過程において様々な体験や認識を積む行為を平たくいえば「道草」と呼んでいる．

　ところで，次の表1-2は筆者が勤務する愛知教育大学の近隣（水田や畑と住宅地が混在した都市郊外）で最近，観察した子どもの道草行動の一部である．おおまかに四つの種類の道草に分類してとらえてみたところ，じつに興味深い事実がわかってきた．6人の小学生（低学年）の動きにすぎないが，これを読めばいかに通学路が認識の宝庫になっているかがわかるだろう．子どもたちは，ちょっとした溝や茂み，国道をくぐる地下道（表中ではトンネルと表記），道端の草花などにも関心を抱いており，「そこに生き物がいたよ」とか「宝物を隠

表 1-2　行為からみた道草(みちくさ)行動

	眺める道草	スリルを感じる道草	捕る(採る)・触れる道草	その他の道草
事例1	④梅林を眺める ⑤歩道橋でスズメの巣を眺める ⑥足長犬を眺める ⑫家のイヌとネコを眺める ⑭畑でジュズダマを眺める ⑮イチゴ畑を眺める	①トンネルを駆け降りる ⑦こわいお面を見る ⑨たばこ屋でピンポンダッシュ ⑪クモの巣を避ける ⑬ヘビの死体を見つける	②草むらでバッタを捕る ⑩ネネという名の犬と遊ぶ	③雨宿り場で話をする ⑧横断歩道で旗を振って楽しむ
事例2	①用水路でザリガニの死骸を見る	③トンネルを駆け降りる ⑤どぶ川を飛び越える ⑥子ども道を利用する ⑦子ども道を利用する	②ホウセンカで草花遊び ④草むらでバッタを捕る	
事例3	③ホビーショップを眺める	①ハチの巣を避ける ②近道を利用する	④カミキリムシを捕る	
事例4		①ハチの巣を避ける	③ザクロの実を拾う	②不思議なドアを見つける
事例5	①大池の魚を眺める ③南池のカメを眺める ④道路の落書きを見る	⑤畑の子ども道を利用する ⑧子ども道を利用する	⑥用水路で生き物を捕る ⑦草むらでバッタを捕る	②秘密基地に立ち寄る
事例6	①畑のイチジクを眺める ④どぶ川で魚やカメを眺める ⑤桜並木を眺める		②用水路でザリガニを捕る ③水たまりでザリガニを捕る	

事例1～6は，児童を示す．番号は各児童が行った行動の順序を示す．(聞き取り調査より作成)

したよ」「地下道に怖いものがいるよ」などと強い興味を示している．ハチの巣などにいたっては，友達同士で注意を呼び掛け，その場所がかなりの子どもたちに知られている場合もある．そういった場所には子どもによる「あだ名」(通称地名)が命名されていたり，遊びに利用されたりもしている．道路が子どもの成長にとって大切な役割を果たしている．表 1-2 で垣間見た道草行動の行わ

れた場所の多くは幅員も狭く見た目には美しくない道路であった．このことは整備過剰な道路からはこうした行動は生まれてこないことを暗示している．

路地

路地は子どもやお年寄りにとっては，けっこう居心地のいい空間だ．何といっても車が入ってこないし，表道路の騒音や廃棄ガスも路地裏まではやって来ない．だから路地が網の目のように入りくんでいる下町では，かつてけっこう子どもたちの遊ぶ姿が垣間見られたものだった．だが，現在，路地の多い旧市街地では人口の高齢化と空洞化が著しく，老人の姿しか目にすることができなくなってしまった．街で子どもは遊んでいないのだ．子どもの群れを見るに

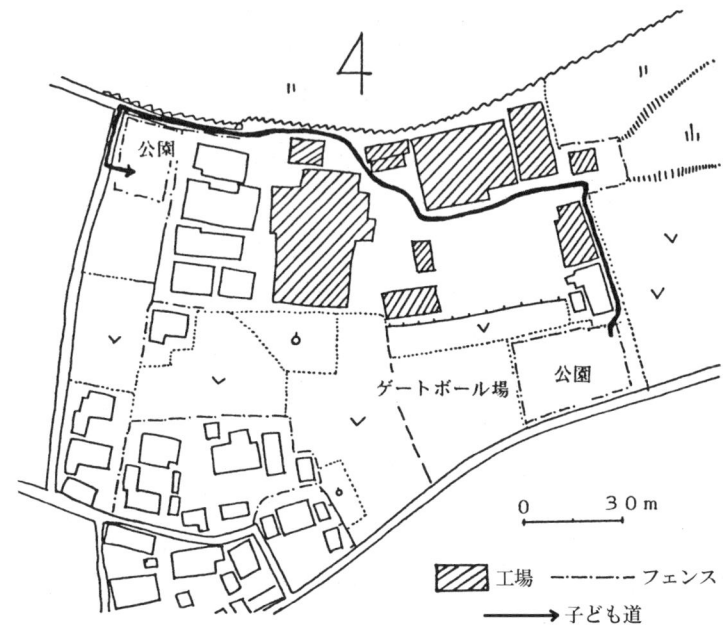

図1-3　工場内を横切りフェンス沿いにのびる子ども道の例
　二つの公園をつなぐ近道の役目も果たしている．

写真1-2 「トトロのみち」を利用する子どもたち
この道は,小学校と珠算教室(塾)との間にあり,子どもたちの利用度が高い.幅員は,190〜200cm,長さは38mにも及ぶ.周辺の土地利用は,畑地,雑木林,家屋,ビニールハウスなどがある.樹高4mのトンネル状の道となっている.1997年10月北入口より撮影.

は新しい集合住宅の周りやゲーム機械が置いてある駄菓子屋の前,そして習い事で行く塾の周囲で,わずかに目にする程度である.子どもが街で行動できなくなった原因の一つに,「子ども道」の消失がある.「子ども道(チルドレンズ・パス)」とは,本来道路ではないところを「ぬけ道」や「近道」と称してひそかに子どもだけで利用する小道である(図1-3).他人の家の庭を横切ったり,建物と建物の隙間を通り抜けたりもする.市街地を流れる水路の側壁に沿って歩いたり,塀の上や穴の開いた柵なども通り道として利用する.中にはアニメ映画で有名な「となりのトトロ」に出てきた場所に似ているとして地区の子どもに親しまれている道もあった(写真1-2).一般に「子ども道」を縦横に張り巡らしている子どもが描いた街の地図は,しっかりした骨組みを持ち,細かく書き込まれたものが多い.そんな子どもは,街での遊びや生活体験が豊富である.

かつて,15年ほど前,愛知県の春日井市という都市で小学生250名に対し

「子ども道」を通る際の遊び仲間の数をたずねたことがある．多くは1人から5人の少人数で通ると回答したが，中には11人以上の集団で道を利用すると答えた例も30ほどあった．そうなると「子ども道」は子どもどうしの遊びの経路であったり，遊びの情報が行きかういわば"ネットワーク"の役割を果たすとも言える．

しかし，現在，他人の庭の垣根をちょっとくぐったり，建物と建物の間の隙間を通ったり，塀の上をつたったりできる環境はほとんど無いに等しい．すぐに叱られてしまうほど管理が厳しい．「ここは子どもの遊び場ではない！」「公園へ行け！」と追い出される．街の中で「子ども道」がみられなくなったら，子どもたちの外遊びのネットワークは，断ち切られているとみてよい．通り抜けること自体にスリル感があり，かつてわがもの顔で街を徘徊できた路地やルートを，住民参加でつくる道路やまちづくりを意味する道普請の考えを取り入れることで再生できないだろうか．

道空間の体験

さくらももこ著『ちびまる子ちゃん』（集英社，全11巻）という漫画をご存じだろうか．作者であるさくらももこ氏が，今から20数年前に小学3年生であった頃の日常生活がコミカルに描かれた漫画である．舞台は静岡県清水市入江町界隈で，筆者は実際にこの街を訪れて，「ちびまる子ちゃん」の世界がどの程度存在するのかを学生と共に調べたことがある．驚くことに主要な漫画のシーンの背景になっている場所は，事実存在する．まさに自伝的漫画である．

そこで，筆者と学生は漫画自体に資料性があると考え，漫画の全巻に描かれた各コマの絵の背景を調べて，自宅や道路，神社，学校，公園などに分類してみた（表1-3）．そうすると，おもしろいことがわかってきた．日常生活を題材にしているためか，自宅空間を描いたシーンが最も多い（355個）のは納得できる．しかし，その次に多い出現頻度では，道空間の289個がきている．まさに当時の子どもたちは，道路で遊んでいたのだ．

表1-3　漫画の背景に描かれた遊び空間のコマ数

背景	細目	小計	合計
自宅	—	—	355
道	①一人，友達，姉と一緒に往来の場として ②遊び場として ③季節を感じる場として	221 36 32	289
自然空間 （遊びの場として）	①山，木，林，雪など ②川 ③田んぼ	188 18 7	213
校舎	—	—	169
空き地・広場・公園	—	—	120
家の中	（独特の遊び場として）	—	96
神社	①原っぱ ②神社，石段 ③遊具 ④社務所	41 30 16 4	91
町並み	①町並み＋山 ②町並み＋夕日 ③知らない土地（おばあちゃんの家など）	37 5 41	83
自然空間 （風景として）	①空 ②富士山（山並） ③夕日 ④田んぼ	24 21 19 13	77
幼稚園の園庭	—	—	66
お墓	—	—	52
友達の家	①たまちゃんの家 ②その他	10 20	30
その他	①清水市らしい特定の場所，店 ②洪水 ③教会 ④駄菓子屋	29 11 7 6	53

(『ちびまる子ちゃん』第1巻～第11巻・『映画第2作特別描き下ろし』をもとに作成)

　こうした傾向はつい最近まで全国どこの街でもみることができた光景であろう．道路は子どもにとって友達や地域の人とかかわる場であり，自然物と親しめる空間でもあった．

(寺本　潔)

第2章　知らない街に降り立った大学生

(1) 知らない街に暮らしはじめて

　読者の中には大学生になって，自分の出身地から離れ，縁もゆかりもない街に暮らし始めた人も少なくないだろう．また，自宅から大学に通っている人でも，大学のある場所にもともとはなじみがなく，通学するときに見る風景の中に日々発見のある人もいるに違いない．

　見ず知らずの街を人はどのようにして認識し，自分の地理空間として内在化していくのだろうか？　人間の空間認知に興味を持ち研究している地理学者ゴレッジ（Golledge, R.）は，大人が知らない街を覚えるプロセスを次のように考えた（図2-1）．まず，第1段階として自分の必要な少数の地点と，その地点どうしをつなぐ道路という生活に必要不可欠な知識を身につける（t1）．そして，しだいにそれぞれの地点，道路のまわりに関する知識を身につけ（t2），最後は t2 で身につけた知識からさらに地域に関する知識を拡大させ，地域情報を広く獲得する（t3）と順序で覚えていく．これをアンカー・ポイント理論という（Golledge, 1978）．

　これをもう少し具体的な例で示そう．この春，大学に入学し，大学のそばにアパートを借りて暮らし始めた大学生A君を例として説明することにしよう．

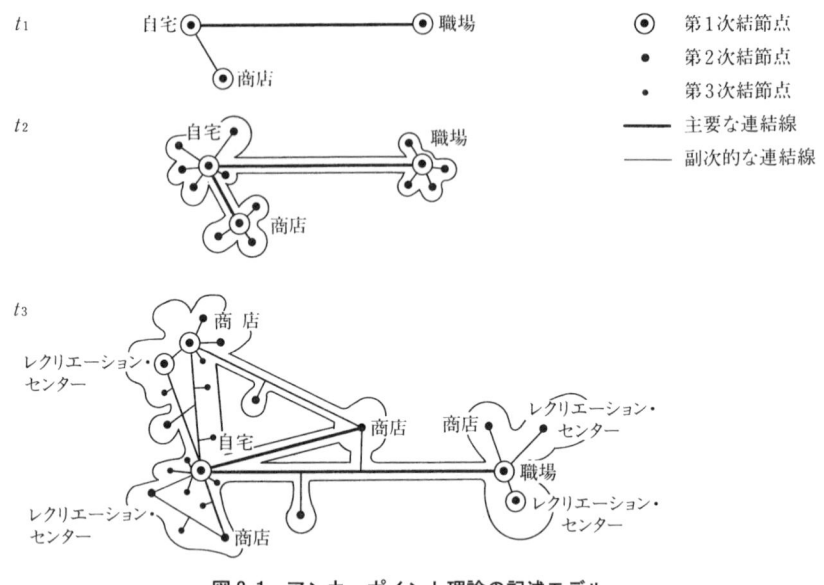

図 2-1 アンカーポイント理論の記述モデル
Golledge（1978）を一部改変

　大学生にとって最初に必要な地域の情報は何だろう．自宅と大学の通学路の情報ではないだろうか．自分の家から大学に行くルートがわからなければ大学に通うことはできない．そこで，大学のそばに暮らし始めたA君は最初に大学への通学路に関する情報を得ようとするであろう．その結果，自宅と大学の間の道順を覚えるはずである．ただ，よほどの冒険心と時間の余裕がない限り，はじめのうちは最初に覚えたルートを使って大学に通うであろう．また，簡単な日用品や食事を手に入れるためにはコンビニエンスストアやスーパーがどこにあるかという情報も重要であるから，自宅からそれらの場所への行き方に関する情報も獲得するに違いない．大学生になり，見ず知らずの街に暮らし始めたA君は，大学と自宅，自宅とコンビニやスーパーを結ぶ道だけの地図が頭の中に形成される．見ず知らずの街を覚えるとき，最初，多くの人は，目的地への

ルートだけの地図（ルートマップ）が頭の中に形成される．これは図2-1のt1で主要な結節点とそれらを結ぶパスだけから構成されている．ところで頭の中に形成される地図をメンタルマップとよぶ．

次にA君は大学に通学し，勉学にいそしむ以外にも，ご飯を食べたり，台所用品をそろえたりと普段の生活を送らなければならない．そこで新聞の折り込み広告をみたり，近所の人や先輩から情報を仕入れたりして，空いた時間に自宅のそばや大学周辺を散策し，新たに様々な店や定食屋などの情報を獲得していく．このようにして，最初は点と線でしかなかった自宅や大学のまわりに関する頭の中の地図がしだいに面的になっていく．これがt2の段階である．最初のt1の段階にルートの周りや近隣の情報が付け加わっている．

その後，アルバイトをしたり，友人と遊びに行ったりすることで，街の情報を次々と増やしていく．バイト先が大学から遠ければ，そこまでの道のりを新たに覚えるだろうし，繰り返し通勤するうちに通勤途上の様々な場所に関する情報を得ることになるだろう．また，バイト仲間からいろいろな場所の話を聞いたり，バイト仲間と遊びに出かけたりすることもあるだろう．バイト仲間に自動車を持っているものがいれば，ロードサイドに夜遅くまでやっているファミリーレストランなど，それまで自分の全く知らなかった場所に行くことにもなるだろう．このように，新たに発生したバイト先というノード（結節点）を中心にして，新たな地域の情報を拡大していく．これがt3の段階である．時間とともに，自分の暮らす地域に関する情報が面的に拡大していくのである．ここで形成された面的な頭の中の地図をサーベイマップと呼ぶ．

ゴリッジのこの理論は，地域を人々が学習する際，ランドマーク（地域の目印になるもの）を最初に学習し，次にパスを，最後に面的な認識を拡大させるという理論である．そしてランドマークには主要な施設であるとか，交通の要所が選ばれ，それらが，まず上位の結節点となる．そして，それに付随される下位の結節点も認識される．このように結節点に階層性があることも特徴である．わかりやすく言えば，自宅や大学，アルバイト先，バスターミナルや駅と

いう上位の結節点をもとにして，それぞれの結節点の周囲にある店舗や結節点を通過しなければたどり着けない大きな公園などが下位の結節点となる．

　読者の多くはアンカーポイント理論の説明にあるように街を学習していった経験があるのではないだろうか．

　地域の中の様々な場所の位置関係は，人によっては面的には認識されず，結節点に行かなければ次の場所がわからないという複雑なルートマップの組合せで街を認識している人がいるかもしれない．日常，確かにそれで目的地にたどり着くことができるので，街の中の様々な場所の位置関係を相対的に知る必要はないと言う人もいるかもしれない．しかし，地域の中の目立つ地物（ランドマーク）や線路，幹線道路などを手がかりとして，地域の中のいろいろな場所の相対的な位置関係を考える癖をつけると，思わぬ近道や目的地への行き方を発見することができるようになるかもしれない．

　ゴレッジの理論によれば，人々は居住歴が長くなるに従い，点→線→面という順に自分の暮らす地域を認識するようになっていく．このように，大人が短期間にメンタルマップを発達させていくプロセスを微視発生と呼ぶ．

　これに対して，子どもが発達とともに空間認識の能力を発達させ，地域の認識が拡大し，メンタルマップを発達させていくプロセスを個体発生という．

(2) 子どもはどのように地理空間を覚えるのだろうか

　これまで，大人（大学生）が新たなまちに暮らし，メンタルマップを発達させていくプロセスについて考えてきた．次に子どものメンタルマップについて考えてみたい．子どものメンタルマップはどのように発達していくのだろうか？　その詳細については，後の章で詳しく触れるが，先ほどのアンカー・ポイント理論と似た形態で発達していくことがこれまでの研究でわかっている．つまり，子どものメンタルマップも子どもの成長とともに点→線→面と変化していくのである．

しかし，大人の点 → 線 → 面の変化とは大きく異なる意味を持つ変化である．子どもは能力・知能の発達により，空間の認識を点 → 線 → 面と変化させる．大人はこれまでの経験の蓄積により，地域を点として認識したり，線として認識したり，面として認識することを状況により使い分けることができる．そのような能力を有した状態で知らない土地での暮らしに適応するために，短期間に点から線へ，線から面へと地域の認識の仕方を変えていくのである．

それに対して子どもは，成長とともにゆっくりと地域を点から線，線から面と発達させていく．乳幼児期，自分の暮らす世界は，自己中心的な視点でとらえられている．最初，子どもの世界は自分の家とその周りがすべてであろう．点が自分の世界であった．それがしだいに様々な場所どうしをつなぎはじめ，世界が線へと変化していく．自分の家と公園の間の道筋を覚えたり，自分の家と保育園や幼稚園への行き方を知ったりする．しかし，それはあくまでもルートを認識できるようになっただけで，それぞれの位置の相対的関係を認識できているわけではない．これがルートマップの段階である．地域を道沿いにしか認識できない段階である．

その次の段階として，いろいろな場所を覚え，そこへの行き方を覚えていく．そうすると子どもはルートマップを複雑に活用するようになる．そのようなルートマップの段階を一定期間経た後に地域を面的にとらえることができるようになる．地域を概観する視点，鳥瞰的な視点でとらえるサーベイマップを使うことができる視点が獲得されるのである．既存の研究では，個人差はあるが，4歳ぐらいからルートマップ的な認識がはじまり，10歳ぐらいからサーベイマップ的な認識が始まると言われている．

面的に地域を認識できるようになるには，その下敷きとなる地域の体験が必要となる．外遊びをたくさん行い，地域を濃密に体験した子どもたちは，頭の中に自分たちの暮らす街に関する知識をたくさん詰め込み，その知識を元にして，ルートマップからサーベイマップに地域認識を変化させていく．

ルートマップからサーベイマップへの変化は子どもの視点の変化である．

ルートマップの地域認識の仕方は，路上から地域をみるという視点であるのに対して，サーベイマップは鳥の目，鳥瞰的な視点である．子どもがルートマップからサーベイマップへメンタルマップを変化させるのは，頭の中で面的な地図を構成できるというだけではなく，地域をみる視点が変化するという大きな転換を経ているのである．

ところで，かつて，子どもの地域に占める密度は高く，遊び友達をさがすのに困ることは少なかった．そのような中で育ち，地域の中で友達と遊ぶ中，地域認識が深められていった．しかし，少子社会化が進み，また日本の治安も次第と悪くなっていき，子どもの外遊びが減少していった．

かつての子どもは自然と地域に関する知識を年齢とともに増大させ，面的な地域の認識を作り上げていった．現代社会に子ども時代を送っている人たちはこのような経験を行うことができるのだろうか．

(3) 大人になって街を探検してみる

大人の街はルートマップ

子ども時代，眼前に現れるモノは新しいモノばかりで，毎日が発見の連続だったであろう．大人になったとき，街をみても新たな発見がなく，味気ない毎日だなぁと思っている人も多いかもしれない．そのようなとき，先ほどのルートマップからサーベイマップへの変化のプロセスを思い浮かべて，自分の暮らす街を探検してみてはどうだろうか．

大人はサーベイマップで地域をとらえることができると先ほど述べたが，じつは大人の日常生活では多くの場合，ルートマップしか必要とされない．みなさんも自分の日常生活を振り返って欲しい．日常生活での移動は多くの場合，知った場所をルーティンのように繰り返し行き来しているだけなのではないだろうか．その移動の中，サーベイマップを使う必要はあるのだろうか．読者の中にはいつもサーベイマップの視点で地域を把握し，移動している人もいるか

もしれないが，多くの場合はルートマップの組合せで移動しているのではないだろうか．

　日常生活をおくる街の中に何か新たなものを発見したいなら，街を探検して歩いてみると面白い．自分の家のまわりでもいい．そうすると，街の中にまだ知らない新たなモノを発見することができるかもしれない．街の中で新たに知ったモノと既知のものとの位置関係が把握され，頭の中の地図が更新され，面的な街の把握が進んでいくかもしれない．幼い頃はそのような経験の連続だったのであろう．

視点の高さを変えて街をみる
　街をみる視点を少し変えてみると新たな発見が生まれるかもしれない．新たな発見はなくとも，知っているはずの街が違うモノにみえて新鮮に感じるのではないだろうか．

　子どもは大人よりも低い視点から街をみている．このことが大人とは違う街の見方を生み出している．子どもは道ばたの花や生き物などにとても興味を示すが，それは大人と違う視線で街を暮らしていることが原因の一つである．

　ところで小さい頃に遊んだ公園や小学校を訪れると，あまりにも小さくて驚くという経験をしたことがあるのではないだろうか．よく，「自分の体が大きくなったからそう感じるのだろう」と考える人がいる．それは必ずしも誤りではない．ただ，その感覚を生み出す原因に「俯角(ふかく)」の違いがある．子どもは低いところからものを見るので，ありとあらゆるものを見上げる形でみることになり，何でも大きく感じる．子ども時代の低いまなざしからみた公園や学校の記憶が残っているので，大人になってから同じ場所に出かけ，「小さい頃は大きく感じたのに」という感覚を持つこととなる．

(4) 地理を航海する力を持って

　大学生になり，子ども時代のような制約もなく，自由に地理的な世界を旅することができるようになったことだろう．地域を把握し，自分の思うとおり，自由に時間と空間を使って移動できる．

　移動できるようになった次にみなさんに必要な航海の力は何だろうか．それは地図を描き，地域を表現する力である．日常，みなさんの多くは，地図というモノは人から与えられるモノで，自分から描くモノであるという認識はないであろう．しかし，地図は地域を表現する言語のようなモノである．地域に関する情報を様々な人たちと交換するとき大変有効な表現手段であることがわか

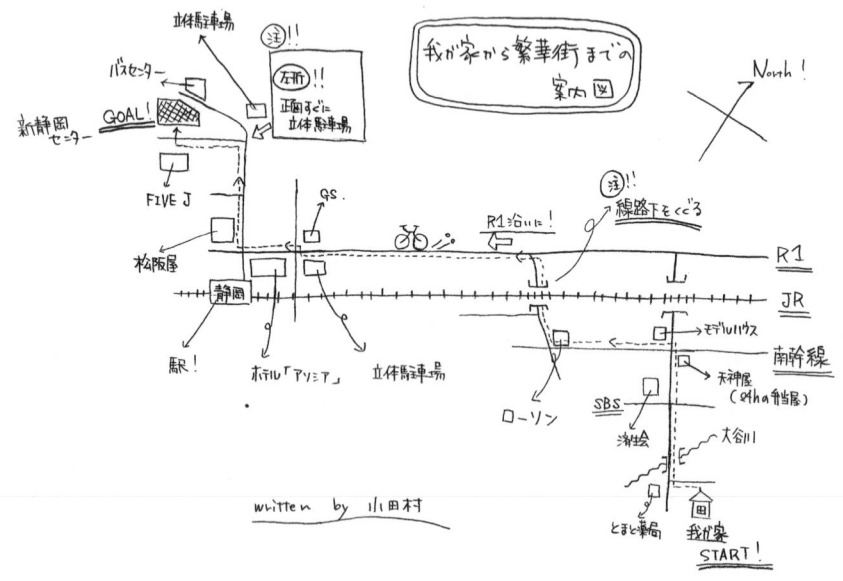

図 2-2　大学生が描いた道案内図の例
　　　静岡大学人文学部男子学生の描図より

る．普段，描く地図は縮尺や方位があまり正確でなくてもかまわない．道案内図であれば，どうすれば人が目的地にたどり着きやすい地図になるのか，地域のことを案内するのであれば，どうすれば地域のことがわかる地図になるのか，日々考えて欲しい（図2-2）．

　地図を描くことに心理的な抵抗が減ったとき，新たな地理という海原を航海する能力の一つが身についていることであろう．

（大西宏治）

第3章　地理学における子ども研究

(1) 地理学で取り残された子ども

　地理学やその関連諸学問分野の中で，子どもを取り上げた研究はこれまで存在してきた．しかしながら，これらの研究では子どもが社会を構成する集団であるとの視点に欠けることが多く，地理学とその関連諸学問分野の子どもの生活空間に関する研究は子どもが社会の構成員であるとの認識がなされないまま進められてきた．

　しかし，1990年代以降，これまで光の当てられなかった人々，特に高齢者や身体障害者，女性といった社会の中で中心的役割を果たしているわけではない集団に対して，その集団の声を取り上げ，生活空間を分析し，そこに内在する問題を明らかにする研究が登場し始めた．彼らの生活空間は現実社会の中に存在するものとして取り上げられ，議論されている．その結果，先進諸国では高齢者や身体障害者とってやさしい「まちづくり」が進みつつある．また，女性の生活空間についても特に地理学での多面的な研究が進み，そこに内在する問題が明確に示されるようになった．

　このような中で取り残されてきた大きな集団がある．それが子どもである．

(2) 地理学で子どもが取り上げられるまで

　これまで地理学で行われてきた子どもを対象とした研究は，子どもをどのような存在とみなすかによって大きく2つの立場に分けられる．1つは「教育を受ける存在」としての子どもであり，今1つは「生活者」としての子どもである．しかし，子どもの生活空間を扱う他分野と同様，後者の視点による研究は前者のそれに比べ弱かった．

　学校教育に関心を持つ地理教育は，むろん子どもを研究対象としてきたが，その中で取り上げられる子どもは，もっぱら「教育を受ける存在」としての子どもであり，「生活者」としての側面については従来の地理教育で充分に議論されてはこなかった．つまり，地理学の中では，「生活者」としての子どもの存在が認識されてこなかったのである．このような状況を，Hart（1984）は「子どもは地理教育という狭い分野に押し込められて理解されてきた」と批判的に論じた．

　しかし，地理学で認知行動論的研究が進む中，「生活者」としての子どもに注目した研究がわずかながらではあるが登場するようになる．

　まず，1960年代から70年代にかけて，子どもの知覚環境の発達についての研究が蓄積され，年齢の上昇とともに，子どもが認知する範囲は拡大し，行動範囲も拡大することが明らかとなった．1970年代に入ると，人間の行動を人間に対する諸制約から解釈しようとする時間地理学が登場し，子どもの生活空間もそれを取り巻く環境の側からとらえなおすべきであると考えられるようになる．さらに，1980年代終わりから1990年代にかけて，ジェンダーの地理学の発展，ポストモダン地理学の進展により，地理学からの子ども研究は多様化し，女性が産み育てるものとしての子どもや「他者（others）」としての子どもが取り上げられるようになった．

　ここでは，子どもの環境知覚研究，子どもの遊び空間の研究，遊び空間の時

代変化の研究, 社会の中の子どもを地理学から考えた研究をそれぞれ概観する.

(3) 子どもの環境知覚

子どもの環境知覚のユニークさは, Lowenthal (1961) がすでに1960年代に指摘していたが, 日本で本格的に子どもの環境知覚に関する研究が取り組まれるようになったのは1970年代終わりからである.

日本の初期の研究では児童の記憶地名から児童の知覚環境の構造を明らかにしたり, 子どもの知覚環境を手描き地図, フィールドワークなどからとらえ, 学年間の比較を行うことから知覚環境の発達を議論しようとしていた (斎藤, 1978；岩本, 1981；寺本, 1984). その中で寺本 (1988) は手描き地図やアンケート調査などを駆使して, 子どもの知覚環境に大きく影響すると考えられる「秘密基地」,「子ども道」,「お化け屋敷」,「子ども地名」に注目し, 子どもの知覚環境の構造を検討した. そして, 児童の知覚環境は年齢とともに拡大することが実証的に示された.

また, 子どもが環境をとらえる際, 自己と環境が未分化な状態で外界を知覚するため, 大人の環境の知覚様式と異なる形で環境をとらえることになる. このような子どもの知覚様式をドイツの心理学者ウェルナー (1976) は相貌的知覚と呼んだ. こうした子ども独特の知覚様式に注目した研究も行われ, 子どもが環境に感情を付与して知覚することに関する研究も行われた (山野, 1985；寺本・吉松, 1988). また, 子どもは音・においをも使って環境を把握していること (サウンドスケープ, スメルスケープ) に言及する研究も現れた (寺本・石川, 1994).

これらの成果から, 年齢とともに児童の知覚環境の範囲が拡大すること, そして子どもは相貌的知覚を持ち, 視覚以外の嗅覚, 聴覚なども頼りにして環境を捉え, また大人より低い視点から環境をみていることから大人がみるものとは異なるものに注目して環境をとらえていることが明らかとなった.

⑷ 子どもの遊び空間の研究

　外遊びは子どもの発達に重要な役割を果たすと言われている（藤本，1974）．児童期の一時期，子どもが大きな集団を形成し，集団遊びを展開することがある．この時期は「ギャング・エイジ」と呼ばれており，基本的には近隣の仲間集団により形成される．

　しかし，遊び空間の実態調査を行った多くの研究から，高度経済成長期以降，空き地や道路といった遊び空間がなくなり，大人から管理されない子ども世界を形成して遊ぶことが困難になっていること，公園には子どもの遊びに必要なオープンスペースが不足しているために充分に遊ぶことができないことなどから，現代社会では子どもが外遊びすることが難しくなっている．子どもの成長にとって遊びを展開することができる空間が重要であるのだが，現代社会では充分に存在しない．現代社会で子どもの遊び空間をいかに確保するかについては建築学，都市計画，造園学などで研究がなされてきた．

　子どもの遊び空間の利用実態の調査から仙田（1984）は遊び空間を次の6種類に分類した．すなわち，自然スペース，オープンスペース，道スペース，遊具スペース，アナーキースペース，アジトスペースである[1]．そして，新たに公園などの遊び空間をつくる際，6つの遊び空間を組み合わせて，子どもが魅力的に感じる遊び空間をプランニングしていく必要があるとした．さらに，仙田は全国39地区で1955年頃と1975年頃の遊び空間の比較を行い，時代とともに失われた遊び空間が先のどの種類なのかを検討し，自然スペースやオープンスペースが大きく失われていることを明らかとした．そして遊び空間を計画する際，失われた種類の遊び空間を効果的に盛り込むべきだとした．

　遊び空間の構造の地域差に関しては，都市部と農村部に差があることを中村ほか（1987）が指摘し，農村と都市を比べると都市では，環境に季節感が乏しく，子どもが自然を実感できないので，それを改善していかなければならない

としている．また，都市では子どもの年齢，性別を問わず家の中が遊び空間の中心となることも指摘し，さらに，都市では農村に比べて遊び仲間の年齢が均一化していることも問題視している．

地理学者のSibley（1991）は子どもの遊び空間のニーズと提供される遊び空間のミスマッチに言及している．彼は，子どもが欲しがっている遊び空間は，多目的に遊べる「フレキシブル」な遊び空間で，計画側は遊び空間を「子どもの遊びはこのようなもの」という大人の価値観でつくっており，子どもが遊びたい空間と提供される遊び空間に整合性がないことを指摘し，子どもの遊び空間を詳細に調査し，子どもが欲しいと思っている遊び空間を提供するべきであるとした．

こうしたミスマッチは大人が子どもの遊び空間の実態を知らないから生じるとも言えるが，大人が子どもに対してあらかじめ抱いている価値観が子どもの実態と整合しないため生じるとも言える．たとえば，Valentineほか（1997）は親が考えている子どもの遊び空間と，実際の子どもの遊び空間を比較し，親が子どもの遊び空間の範囲を実際よりも過小評価していることを見出した．親は公共空間で子どもだけを遊ばせるのは危険なので，監視がある場所でしか子どもを遊ばせたくないが，そのようなこととは関係なく，子どもは戸外で遊んでいることを彼女らは指摘し，親が子どもの遊び空間の範囲を過小評価したり，過度に危険だと感じるのは，単に，自分の子ども時代の遊び空間のノスタルジーと現在の戸外空間が危険であるという思い込みのギャップが生み出したものなのではないだろうかと考えた．

また，大人にとっては「何もしてない状態」にみえても，子どもにとってはその状態でもなんらかの遊びをしていることもあり，かえって大人がわかるような活動，たとえばスポーツなどをやっているときは，大人の権威の管理下にあり，子どもが独自の発想で遊ぶことができないとWood（1985）は指摘した．

これまでの都市計画や地域計画では大人の視線から子どもの遊び活動を解釈し，遊び空間を提供しようとしている．その結果，提供される遊び空間は大人

の価値観や社会的状況を反映させてしまい，子どもの世界を子どもたちの手でつくる余地が小さくなっていった．このことから子どもの遊び空間は社会から独立して存在しているわけではなく，社会によってつくられるものでもあると考えることもできる．

⑸　遊び空間の時代的変遷

　遊び空間が大人の価値観や社会的状況を反映したものであることは，遊び空間の時代的変化をみると理解しやすい．

　仙田（1992）は，少子化と社会経済的変化から，わが国における子どもの遊び空間は，現在第2の変化の状態に入っているとしている．第1の変化とは，日本の高度経済成長と軌を一にしたもので，1960年ごろからしだいに子どもの遊び空間が小さくなりはじめ，遊び集団の規模が縮小した変化である．そして第2の変化とは，1980年頃から始まっており，遊び空間が限界まで小さくなり，テレビゲームによる屋内化が進み，また，少子化の進行により，子どもたちの姿が街から消える変化である．

　戦前から道路が子どもの遊び空間の代表であった（大屋，1993）．また，都市部であっても，昭和30年代なかばまで，空き地や雑木林などでも遊ぶことができ，寺や神社の境内なども子どもどうしで共有できる遊び空間であった．そして，親や社会の規制が少なく，川や水田などへ入り込んで遊ぶことが可能だった（大西，1998）．

　しかし，高度経済成長とともに，まず，空き地など遊び空間として利用できる土地利用が減少し，そして習い事の増加で遊び時間も減少した．その結果，子どもどうしが同じ時刻に同じ場所で集うことは難しくなり，遊び仲間の規模が縮小していった．また，かつてと変わらず存在する寺や神社の境内は，子どもが遊ぶと荒れるという理由から，子どもの侵入が許可されない空間となり，危険であるなどの理由から，川や水田で遊ぶことも禁止され，その結果，遊び

空間は大人の用意した公園やグランドとなっていった（大西，1998）．

　また，農村部の子どもの遊び空間は，ノスタルジックなものが残存しているように想像されがちであるが，過疎化が激しく，児童数の少ない地域では，遊び集団が成立せず，都市部以上に子どもの生活空間が矮小化する傾向にあるといわれている（中村，1982；小池，1996；大西，1999）．

　遊び空間の減少によって，伝統的な遊びが伝承されなくなることに危機感を持つ人々もいる（大橋，1994）．奥野（1989）は，伝承遊びによって，日本人の文化的基底が形成されるとする．日本の子どもは，都市であろうと農村であろうと原っぱで遊ぶ体験を持ち，そこで，昆虫を捕まえ，木の実の採集などを行う．この活動は，日本人が縄文時代以来持ってきた採集狩猟生活の名残りが子どもの遊びという形で保存されており，日本で子ども時代を過ごすとだれでも行うこの行為が，日本人の共通の文化的基底（「原風景」）を創り出しているというのである．

　この壮大な論を受け入れるかどうかは別として，遊びの中で子どもはローカルな文化を伝承している（寺本，1991；大橋，1994）．このローカルな文化は，現在，異年齢集団で子どもが遊ばなくなったことから，今後，伝承されなくなる恐れがある．さらに，このローカルな遊びには，仲間関係を学習し，自然を体験するという重要な機能があるとされ，自然を使った冒険遊び場（プレイパーク）を整備し，プレイリーダーという遊びの仕掛人を育成し，子どもの伝承遊びや戸外での遊びを復活させるべきという議論も成されている（寺本，1991）．

　日本の高度成長期以降の子どもの遊び空間の変遷は次の3つの特徴を持つと考えることができる．すなわち，①安全重視，②プライベート化，③プログラム化，である．親は，子どもに安全に育って欲しいとの思いから，安全な遊び空間を提供するし，ケンカをしないように教育する．また，教育のためにと子どもに個室を与え，それが子どもの生活の屋内化を進展させる．そして，子どもの生活空間や生活時間は社会が持つ一定の仕組みの中に組み込まれ，プロ

グラム化されてしまう．このように，時代とともに親や社会が子どもの遊び空間を仕組まれたものへと変えていった．

(6) 社会の中の子ども

ジェンダーの視点

1970年代後半から1980年代にジェンダーの観点を持つ子どもの研究が登場し始めた．たとえば，Hart (1979) は男子は男として育つ必要性から広い空間の移動を許可されていること，女子は家事に対して男子よりも責任があること，親は女子の方の安全により関心があるため女子の活動範囲により強く制限を加える傾向にあることを明らかにした．しかし母親が職業を持っている場合に，子どもはより広い範囲を自由に活動できる範囲として許可される傾向にあることも指摘している．親が女子に対して自由に活動して良い範囲を男子よりも制限していることはMatthews (1987) も指摘している．

またValentine (1997) は母親と父親の子どもへの活動範囲の制限の差を検討し，父親は活動範囲の規制を強く子どもに押しつけがちであるが，母親は子どもと日常的に接する機会が多いので，子どもが遊び空間を拡大したいという欲求を提示した場合，それに応える傾向にあることを明らかにした．しかしながら，母親の方がより子どもの危険に対しては敏感であることも指摘している．このように，子どもの性別や親の性別により養育態度が異なることがジェンダーの再生産につながっている．

子ども観と生活空間－ポストモダン地理学－

a) ポストモダンの視点

子どもという概念は時代，場所によって異なる．アリエス (1980) は子ども時代が近代の産物であることを文献資料，絵画などから明らかにした．中世ヨーロッパでは子どもは小さな大人であった．それが近代になるにつれて，大

人とは切り離された存在となり，大人とは異なる役割を与えられる存在となっていった．そして欧米社会では20世紀にはいると子どもは「純真無垢」で大人と比べて「無能」であると想像されるようになり，子ども時代は責任のない幸せな時代ということになった．

このように近代の子ども観が成立した結果，現代社会で子どもを価値づけてとらえる際，子どもは「純真無垢」で成長し大人に近づいてくる存在であるとの考え方が大勢をしめることになる．

しかし，地理学では90年代に入るころからポストモダニズムの観点により子どもを「他者」としてとらえる立場が登場する．ここでいうポストモダニズムは既存の価値観（近代）への異議申し立てを行う学問的立場としておこう．これまでの学問が主に扱ってきたのは白人男性で，それ以外のものにスポットライトは当てられてこなかった．スポットライトの当てられてこなかった存在を「他者」といい，これからの学問は他者に声を与えるべきだとの主張がなされるようになった．

ポストモダン地理学の登場にともない，近代の学問としての地理学に異議申し立てが行われるようになる．その延長として近代の子ども観への異議申し立てが地理学の中からも行われるようになった（Valentine, 1996）．たとえば，イギリスの子ども観は近代がつくり上げた「純真無垢（Angel）」というものであったが，1990年になると子どもは犯罪を行うような存在（devil）であるとの認識が社会の中に登場し，道路や公園などの公共空間では，親は自分の子どもが傷つきやすく，守るべき存在という近代の子ども観でとらえる一方で，他人の子どもやティーンエイジャーを危険な存在（devil）ととらえるようになっていった（Valentine, 1996）．

また，Valentine（1997）は，多くの人は農村が子どもにとって良い場所であるとの価値観を持っているが，それは牧歌的な中で生活することにあこがれる近代社会の価値観によって，ねつ造されたものであることを主張した．

b) 親の子ども観と子どもの生活空間

　日本の子ども観は，①「有能で道具的に価値のある子ども」・「生産に寄与する子ども」から②「役には立たないが，しかしかけがえのない子ども」・「生産の仕組みから切り離され，特別の役割がなく，勉強し消費するだけの子ども」へと変化を遂げたと言われている（小島，1992）．①の子どもは生産財として考えられ，社会が豊かになるにつれ，②のように子どもは親が楽しむ道具として変化していった（落合，1994）．

　こうした子ども観が子どもの生活空間を創造している場合がある．たとえば，子ども部屋は戦後登場し，個室＝勉強部屋となった（関谷，1984）．関谷は高度成長期以降，小学校入学期に子どもが勉強机と専用の学習空間を家の中で与えるような価値観が，社会の中で形成されたとしている．そして子どもは学習する場所と寝る場所が同じとなった．すべての子どもに個室が与えられたわけではないが，住居の中の親の居場所を犠牲にしてまでも子どもの個室の確保をしたいと考える親が登場したのは，子どもに高等教育を確保したいとの思いからであった．戦後，子どもは，遊び空間を用意され，危険から遠ざけられるようになったことは，すでに前節で指摘したが，子ども部屋の登場も，子ども観が子どもの生活空間を創った一例と言える．

　また，海外の事例として，Valentine（1996）は，公共空間がティーンエイジャーに利用されたり，見ず知らずの人が来たりと危険なものになったとの親の思いから，子どもを安全に育てるために，子どもだけで公共空間を使って遊ばせることが少なくなったことを明らかにした．そして，それまで，誰でも利用することができた公共空間が，子どもを遊ばせるため，大人の監視がつき，大人の論理の中に組み込まれたものになっていったことを示した．

　このように，親が子どもを安全に育てたいとの思いが子どもの生活空間を変質させていった．安全指向，プライベート化，プログラム化という子どもの生活空間の変質は，日本の戦後においてだけではなく，海外でもみられる．そして，この変質は，親の子ども観と深い関係にある．

(7) 結論と課題

　まだ，地理学の中で子ども研究が一分野を形成するに至ってはいないが，子どもの研究は少なからず存在している．ただし，多くの場合は，地理教育で取り組まれてきたものである．地理教育や知覚環境研究は子どもを「教育を受ける者」として扱い，「子どもからみた世界」を研究してきた．その研究が進むに連れて，子どもを取りまく物理的，社会的環境が「子どもからみた世界」に大きな影響を与えていることがわかってきた．そこで，生活空間は社会的文脈を考慮して研究されねばならないとの認識が生まれ，「子どもからみた世界」だけではなく，「子どもを対象とした地理学」の研究が行われるべきだといわれるようになった．また，90年代の地理学からの子どもの研究は，「教育を受ける者」から「生活者」としての子どもの研究へと問題意識の転換が見られる．特に，ポストモダン地理学の進展は，子どもは大人の能力を減じたものであるとの従来の見方から，大人とは異なる「他者」であるという考えへと子どもの見方を一転させ，子ども研究の幅を広げた．

　地理学からの「生活者」としての子ども研究は，日本ではまだ蓄積は少ない．日本では，今後，少子社会化が進行し，かつて経験したことのない子ども世界が登場しはじめるであろう．そのような子ども世界を解明することは，社会を構成する一員を理解するといった点でも意義がある．今後，地理学からも取り組むべき課題であろう．

（大西宏治）

［注］
1) 自然スペースは動植物の採集活動ができる川，森などの遊び空間，オープンスペースは走り回れるような広場，原っぱのような遊び空間，道スペースは袋小路や路地のような道路からなる遊び空間，遊具スペースは児童公園等，遊具のある遊び空間であり，アナーキースペースは廃材置き場，工事現場のような混乱に満ちた遊び空間，アジトスペースは秘密基地などが作られる遊び空間と定義されている．

第Ⅱ部

地理への初航海
―― 子どもの空間認知の発達 ――

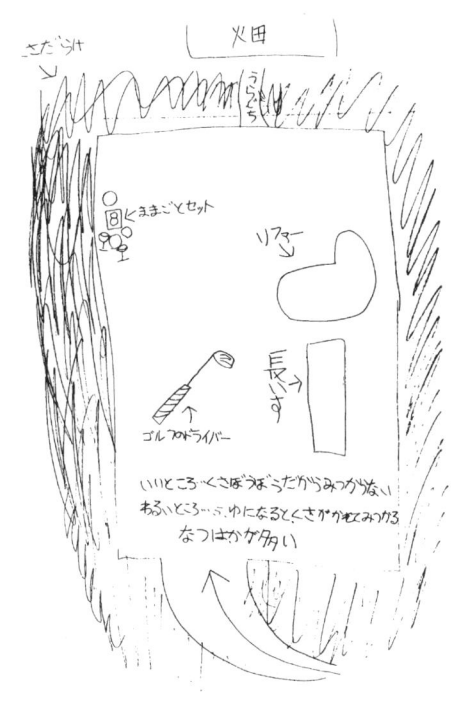

秘密基地の内部（小学4年生）

第4章　山村に生きる子どもの世界

　本章では手描き地図を用いて山村に生きる子どもの世界を考える．
　事例地域は，岐阜県八百津町久田見である（図4-1）．八百津町久田見は準平原状の原型を保存した地形であり，孤立した島のような形態を持っている．また，土地利用は農地が卓越しており，子どもの手描き地図に農村的土地利用が反映されている．
　小学2，3，5年生に「あなたの住んでいるところの周りの様子について地図に描いて下さい」との教示を行い，約30分かけて手描き地図を児童に描かせた．手描き地図を描く際，B4の紙を用い，紙の追加は自由にした．
　その結果，小学2年生21名（男子10名，女子11名），小学3年生31名（男子14名，女子17名），小学5年生32名（男子15名，女子17名）の手描き地図が回収された．

(1)　手描き地図の分析

　手描き地図を①手描き地図の形態，②手描き地図中の要素，③手描き地図の描かれた範囲の三点について注目して分析した．

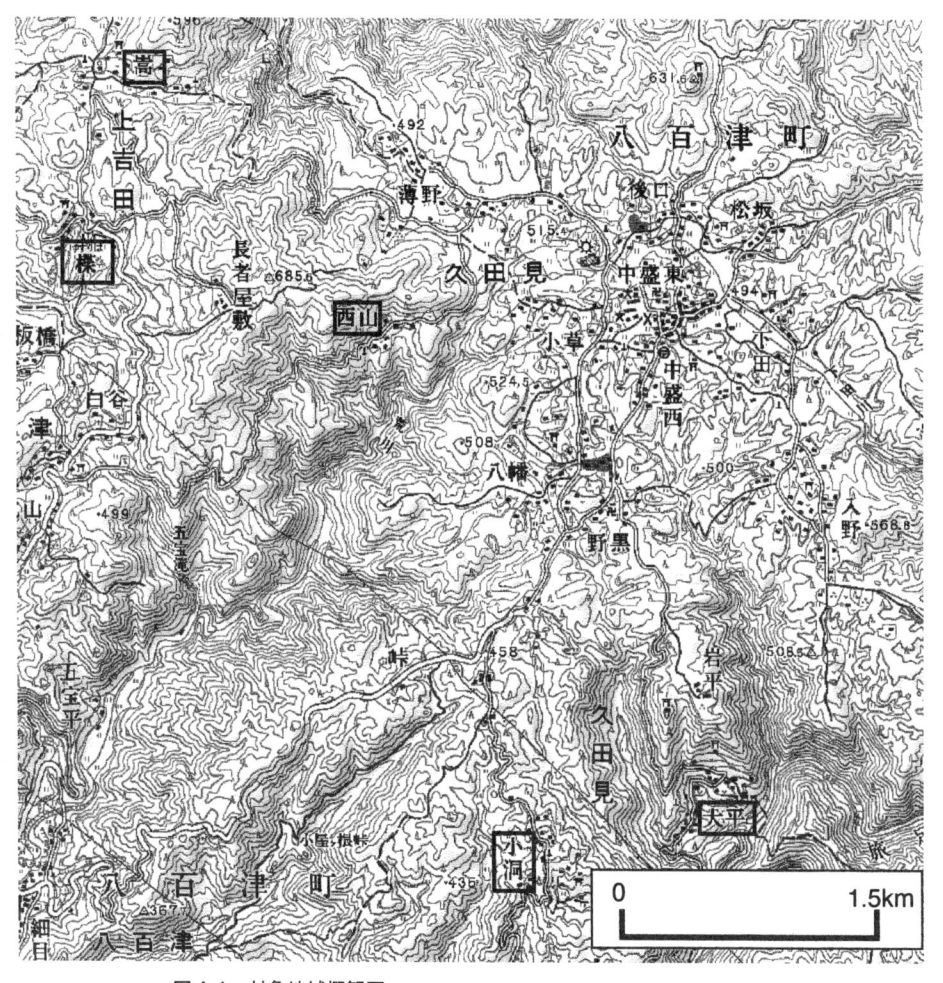

図 4-1 対象地域概観図
　　国土地理院 5 万分の 1「美濃加茂（1981 年）」と「金山（1986）」より．
　　☐ で囲まれた集落は孤立的集落である．

手描き地図の形態

　従来の研究の成果から，メンタルマップは児童の発達とともにルートマップからサーベイマップへと変化していく．この変化は手描き地図上にも反映される（図4-2a，b）．そこで，まず手描き地図をルートマップ型とサーベイマップ型の二つの形態に分類し，次に，手描き地図中の建物の描き方を分類した．建物の描き方は「立面的」なものと「位置的」なものの二つに分けられる．「立面的」とは，建物を見た目の通りに手描き地図に再現するもので，「位置的」とは建物の位置だけを示すように描くものである．

　まず，ルートマップ・サーベイマップに関する全体的な傾向（図4-3a）であるが，小学2年生時には大部分の児童がルートマップ的な形態の手描き地図を描き，小学3年生の段階になるとサーベイマップ的なものを描く児童がやや増加し，小学3年生から小学5年生の間で飛躍的にサーベイマップ的なものを描く者が増加する．5年生の段階になると約半数がサーベイマップ的な手描き地図を描くようになる．

　また，男女差については小学2年生では明瞭ではないが，小学3年生では女子の方が若干，ルートマップ的なものを描く傾向が強く，5年生になると男子ではサーベイマップ的なものを描くのが半数を越えるのに対して，女子はルートマップ的なものを描く割合の方が高い（図4-3b，c）．このことから，女子の方が男子よりもルートマップ的な形態を遅くまで残す傾向にあることがわかる．

　建物の描き方は，小学2年生の段階だと大部分が立面的である．また，小学3年生の段階でも，立面的なものの方が多い．ところが小学5年生の段階になると位置的なものが増加する．それでも半数以上は立面的に建物を描く子どもがいる．男女差をみると，小学2，3年生の段階では男女とも立面的なものが多く，明瞭な男女差はみられない．ところが，5年生の段階になると男子は約半数が位置的なものへ移行するのに対して，女子は半数以上が立面的な描き方をしている．ルートマップからサーベイマップへの移行と同様に女子の方が遅くまで立面的な建物の描き方を残す傾向にある．

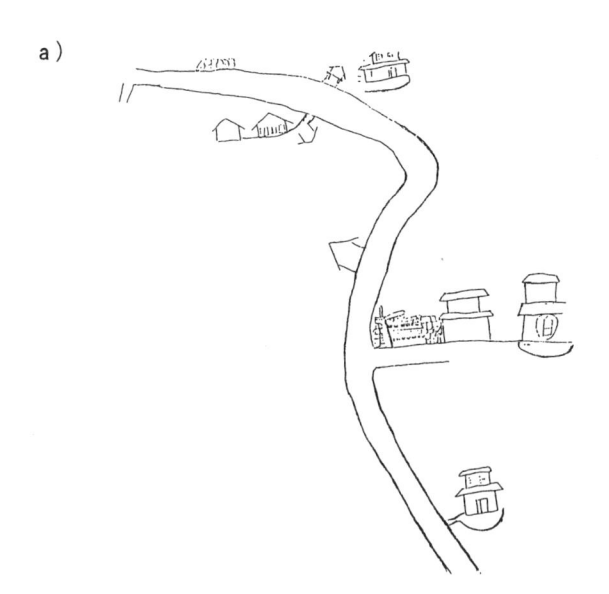

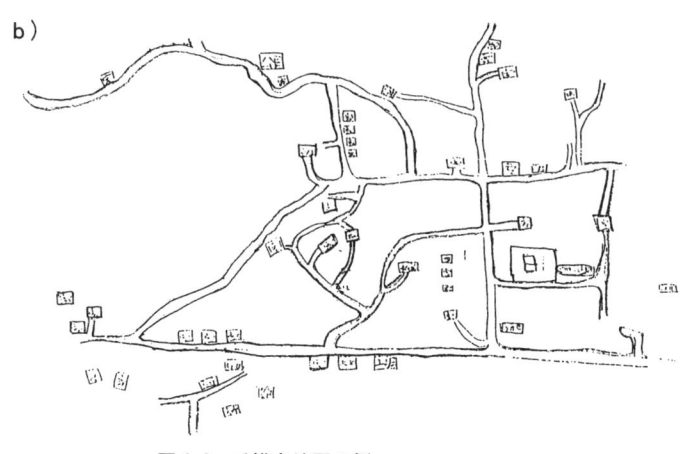

第4章　山村に生きる子どもの世界　　41

a)

b)

図4-2　手描き地図の例
　a）ルートマップ（小学5年生女子）
　b）サーベイマップ（小学5年生男子）

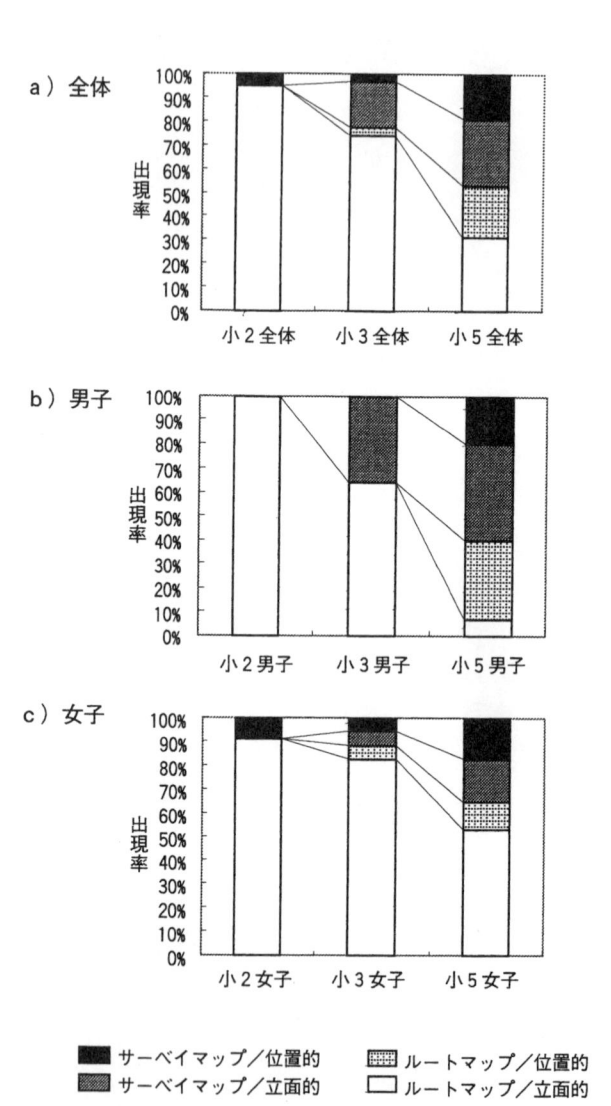

図 4-3　手描き地図の形態の変化

a）全体
b）男子
c）女子

出現率

小2全体　小3全体　小5全体
小2男子　小3男子　小5男子
小2女子　小3女子　小5女子

■ サーベイマップ／位置的　　▦ ルートマップ／位置的
▨ サーベイマップ／立面的　　□ ルートマップ／立面的

ルートマップからサーベイマップへ,「立面的」から「位置的」への変化は地域を見る視点の変化が反映されたものだと考えられる．ルートマップ的な描き方を行う際，頭の中では実際に道を歩いているときの視点を再現していると推測される．サーベイマップの場合はこれとは異なり，鳥瞰図のように空から地域を見る視点を再現している．また実際に道を歩いている視点で建物を描くと「立面的」に描かれ，空から地域をみる視点で描く場合，建物は「位置的」に描かれるであろう．ルートマップからサーベイマップ,「立面的」から「位置的」という変化の傾向が類似しているのは，この変化がどちらも視点の変化に原因があるからではないだろうか．

手描き地図中の要素

手描き地図に現れた要素をカウントして出現率を算出し，①学年を通じて出現率の変化が小さいもの，②学年とともに出現率が上昇するもの，③学年とともに出現率が減少するものと3通りに分類し，表4-1にまとめた．

①学年を通じて出現率の変化が小さいもの

学年を通じて出現率の変化が小さいものに「田」「畑」「竹林」「茶畑」「川」「木」があげられる．これらの要素は日常，道路を歩いている際，容易に目に触れるものである．それゆえ子どもの活動範囲の大小に関係なく手描き地図に描かれる．また，ルートマップを描く際に用いられる道の上からの視点，サーベイマップを描く際に用いられる空からの視点，どちらの視点をとっても描くことができる要素である．以上から，これらの要素は活動範囲の学年差，地域を見る視点の差があまり反映されない．よって，これらの要素は学年を通じての出現率の変化が小さくなったと考えられる．

②学年とともに出現率が上昇するもの

学年とともに出現率が上昇するものに「池」や「森」「墓」「小学校」「公民館」がある．これらの要素の出現率が上昇する理由として，まず行動範囲の拡大や探検行動の出現が考えられる．小学3年生から5年生の間に児童はいわゆ

表 4-1 手描き地図に表れた要素

		小2			小3			小5		
		全体	男子	女子	全体	男子	女子	全体	男子	女子
出現率に学年間の変化が少ない要素	田	42.9	50.0	36.4	54.8	64.3	47.1	46.9	33.3	58.8
	畑	38.1	40.0	36.4	51.6	57.1	47.1	40.6	33.3	47.1
	竹林	14.3	0.0	27.3	22.6	21.4	23.5	18.8	6.7	29.4
	木	52.4	50.0	54.5	54.8	57.1	52.9	46.9	33.3	58.8
	茶畑	19.0	40.0	0.0	29.0	42.9	17.6	12.5	13.3	11.8
出現率が学年とともに上昇する要素	川*	19.0	20.0	18.2	12.9	21.4	5.9	18.8	20.0	17.6
	池**	23.8	30.0	18.2	16.1	21.4	11.8	43.8	46.7	41.2
	森	38.1	40.0	36.4	45.2	57.1	35.3	71.9	73.3	70.6
	墓	9.5	20.0	0.0	19.4	21.4	17.6	34.4	40.0	29.4
	小学校	9.5	10.0	9.1	9.7	14.3	5.9	21.9	20.0	23.5
	公民館	19.0	0.0	36.4	32.3	42.9	23.5	31.3	46.7	17.6
出現率が学年とともに減少する要素	草むら	33.3	30.0	36.4	32.3	35.7	29.4	18.8	13.3	23.5
	花	28.6	10.0	45.5	19.4	7.1	29.4	6.3	0.0	11.8
	犬	28.6	20.0	36.4	16.1	21.4	11.8	12.5	20.0	5.9
	地蔵	9.5	1.0	9.1	3.2	7.1	0.0	3.1	6.7	0.0
	栗の木***	38.1	50.0	27.3	25.8	42.9	11.8	6.3	13.3	0.0

(単位は%)

*「この川には用水路も含まれる.
**池,沼を「池」とカウントした.
***対象地域は「栗」が特産品と認識されており,そのため「木」とは別に「栗の木」が手描き地図に描かれていたため,「木」とは別に集計した.

る「ギャング・エイジ」に到達し,それまでの少数の仲間で遊んでいた状態から,徒党を組んで遊ぶようになる.そして広い範囲を活動範囲として持つようになり,盛んに探検行動が繰り広げられる.ギャング・エイジによる行動範囲拡大や探検行動の出現によりこれらの要素の存在が認識され,手描き地図に現れるようになったと考えることができる.「小学校」には活動範囲が拡大する以前から児童は通っているが,日常的に放課後の活動範囲に入るためには活動範囲の拡大が必要であるため,学年が進むにつれて出現率が上昇したと考えられる.また,「公民館」の出現率の上昇は,行動範囲の拡大と取ることもできるが,高学年になり公民館というものの意味がわかるようになり,描かれるようになったとも考えられる.

③ 学年とともに出現率が減少するもの

　学年とともに減少する要素に「草むら」や「花」「犬」「地蔵」「栗の木」がある．これらの要素の特徴は，道路沿いにある小さいものであるということであり，手描き地図に描かれるためには，ルートマップや建物を立面的に描く際に用いられる道路の上から地域をとらえる視点が必要とされる．このことから，手描き地図の形態がルートマップからサーベイマップへ，建物の描き方が立面的なものから位置的なものへと変化するのに伴い，これらの要素の出現率が減少する．

　これらの要素は生き物であったり，道端に存在する目立たないもので，大人ではあまり気にとめない要素である．それらの要素は児童の相貌的知覚により敏感にくみ取られたものであるのではないだろうか．相貌的知覚は発達とともに失われる傾向にあることが知られている．これらの出現率の低下は相貌的知覚が失われていった結果であるとも考えられる．

　また，これらの要素の減少をもたらした理由として，地図教育の効果を挙げることもできるだろう．これらの要素は，その場所に恒常的に存在するものではない．「花」はある時期が来ると枯れてなくなり，「犬」は絶えず動き，時が経てば死んでいなくなる．恒常的に存在しないものは地図に描かないという地図の特徴を地図の教育の中で児童がくみ取るようになったために，学年が上がるにつれて出現率が減少したともいえる．

(2) 手描き地図の描かれた範囲

　次に手描き地図の描かれた範囲はどのようになっているのだろうか．図 4-4 から図 4-6 は手描き地図に描かれた範囲を地図に示したものである．

　まず，描かれた範囲の重なり合いをみると，どの学年においても集落内を通過する道路に複数の重なりが認められる．このことから集落内を通過する道路が児童の知覚環境の座標軸（動線：斎藤，1978）となっていると推測される．

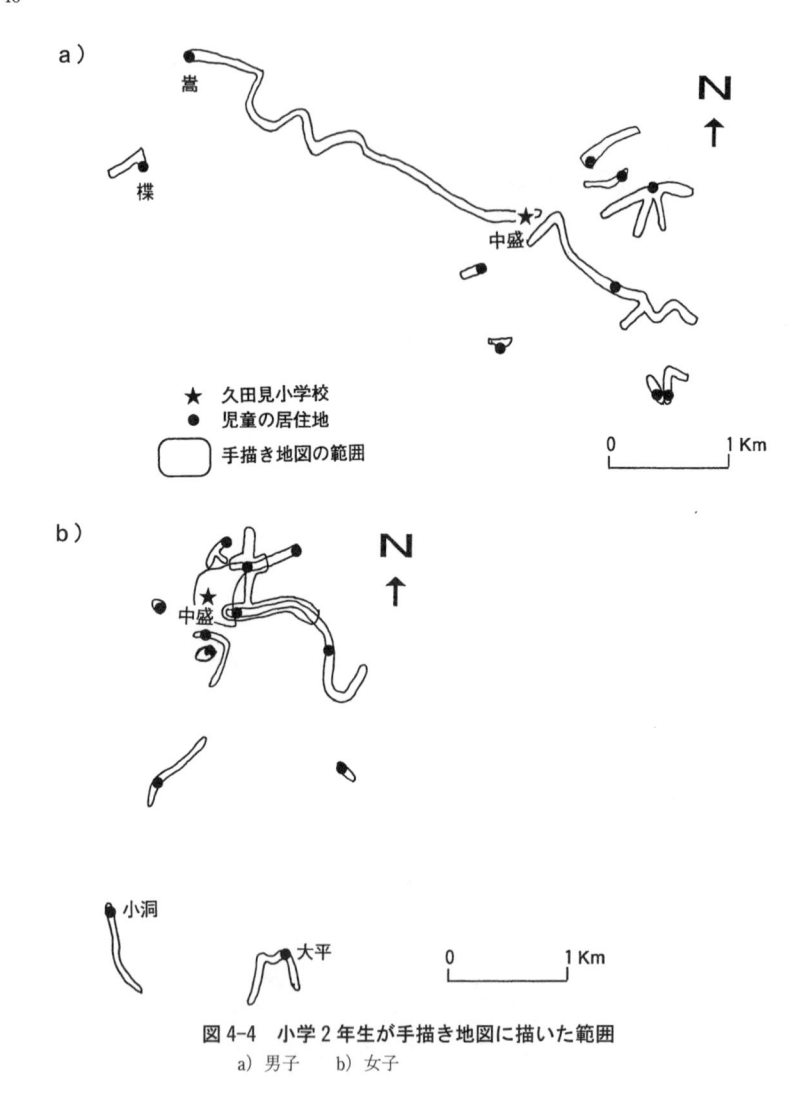

図 4-4 小学 2 年生が手描き地図に描いた範囲
　a) 男子　　b) 女子

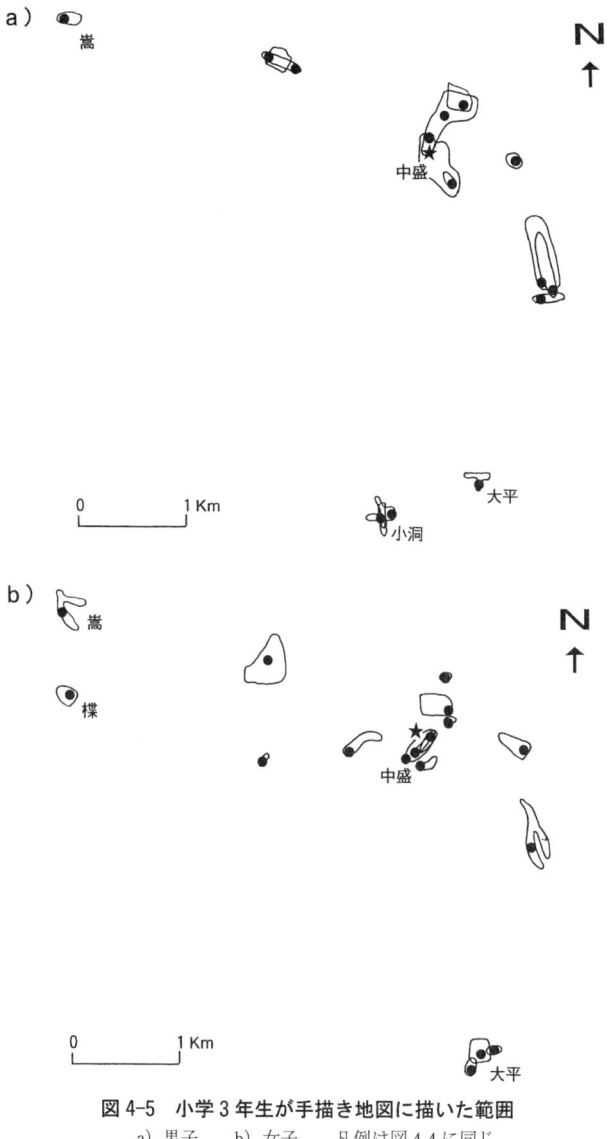

第4章　山村に生きる子どもの世界　47

図4-5　小学3年生が手描き地図に描いた範囲
　　　a）男子　　b）女子　　凡例は図4-4に同じ

48

図4-6 小学5年生が手描き地図に描いた範囲
　　a) 男子　b) 女子　凡例は図4-4に同じ

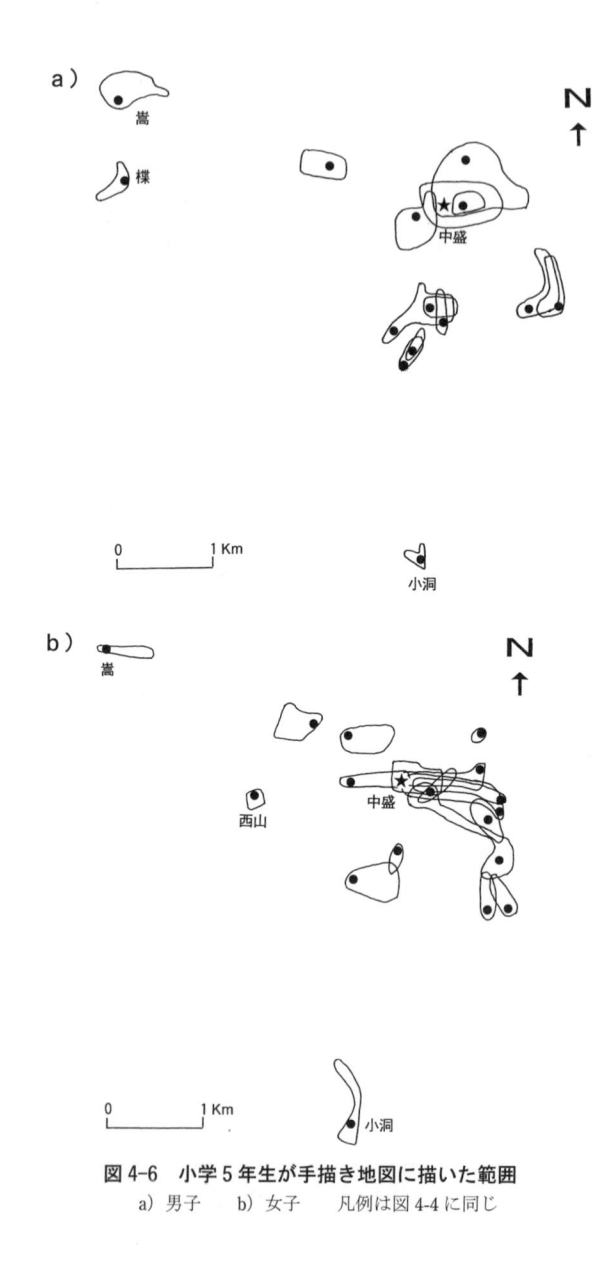

2年生の段階では，描かれる手描き地図がルートマップ的であるため，児童が描いた範囲は道路に沿う形で細長くなっている．これが学年の進行とともにサーベイマップへ変化するため，描かれた範囲は学年の進行とともに膨らみを持つ形状へと変化している．

ギャング・エイジなどにより学年とともに活動範囲が拡大することから，描かれる範囲は学年とともに拡大すると予想される．しかしながら，図4-4から図4-6までを比較すると学年とともに描かれる範囲が明瞭に拡大しているとはいえない．特に2年生（図4-4a，b）と3年生（図4-5a，b）の間で描かれた範囲の差を読みとることが難しく，小学2年生よりも3年生の方が狭い範囲を描いているとも読みとることができる．ただし，5年生（図4-6a，b）になると2・3年生時よりも広い範囲を描いている．

3年生の手描き地図に描かれた範囲が2年生のものよりも明瞭な拡大を示さなかった原因をどのように考えればよいのだろうか．泉（1993）は島嶼部や山地での子どもの手描き地図の範囲を4年生と6年生で比較し，6年生の方が4年生よりも縮小していることを示している．その原因として①学区が広いために全域を把握するのが困難なこと，②地形的制約から児童の行動範囲は学年が上昇してもあまり拡大しないこと，③中心集落に児童にとって必要な諸機能が満たされているため，中心集落に居住する児童は広範囲な行動が必要ないことの3点を指摘している．本研究の対象地域は山村的景観の地域であり，手描き地図の範囲が2年生から3年生の間に拡大しない原因として泉（1993）の①～③の指摘が当てはまる．

また，この調査の直前，小学2年生は生活科の学習により「久田見たんけんマップ」を作成している．この作業を行ったことにより，2年生は地図を描くことに慣れており，この影響が現れ，広い範囲を描くことができたのではないだろうか．このことから3年生と描く範囲の差が小さくなったと考えることもできる．

5年生が他の学年よりも手描き地図に描いた範囲が広いのは，行動範囲が他

の学年よりも広いことを反映しているためであると考えられる．

　描かれた範囲の拡大過程をみると，集落により差があることがわかる．対象地域内の中心集落は久田見小学校のある中盛（なかもり）である．中盛とその周辺の集落の児童が描いた手描き地図の範囲は3年生から5年生になると明瞭に拡大している．ところが中心集落から離れたところにある集落，たとえば小洞（こぼら）や楪（ゆずりは），嵩（たけ），大平（おおだいら）の児童の手描き地図はそのような明確な拡大過程を示さない．このような集落による違いが現れる理由は児童を取りまく物理的な環境が影響しているためではないだろうか．

(3) 手描き地図の学年間の変化

　これまでみてきたように手描き地図の形態，描かれた要素，描かれた範囲は学年とともに変化する．このような手描き地図の学年上昇による変化の原因としては，① 地図教育の効果，② 視点の変化，③ 行動範囲の拡大の三点がある．

　まず，① 地図教育の効果により，小学3年生以降に学習した客観的な「地図」の特徴が子どもに定着し，その結果，サーベイマップ的で位置的な地図が増加し，「花」などが地図に描かれなくなっていったと考えることができる．

　ただし，地図教育の効果だけではなく，この変化には，② 子どもの視点の変化が大きく関わっていることも指摘できる．道端から上空へと地域をとらえる視点が変化したことがルートマップからサーベイマップへの変化や「花」などが描かれなくなることにつながるとも言える．

　この視点の変化は何によってもたらされたのであろうか．これには ③ 行動範囲の拡大が考えられる．すでに指摘したとおり，小学3年生から5年生の間に子どもは「ギャング・エイジ」と言われるときを迎える．その結果，子どもたちが徒党を組んでそれまでよりも広い範囲を活動するため，活動範囲を一望する視点が必要になる．このことから視点の変化がもたらされたと考えることができる．

(4) 手描き地図に反映された物理的な環境

　子どもをとりまく物理的な環境と知覚環境との関わりについて検討する．ここでは居住地の中心集落からの距離を取り上げる．中心集落とその近隣に居住する児童と中心集落から遠い孤立した集落に居住する児童の手描き地図を比較し，中心集落からの距離が子どもの知覚環境に与える影響を検討する．

　本研究の対象地域内の中心集落は中盛であり，嵩，楪，西山（にしやま），大平，小洞は中心集落から離れており，孤立した集落といえる（図4-2）．集落ごとの児童数は表4-2のようになっており，嵩，楪，大平，小洞は中心集落やその周辺の集落に比べ児童数が少ない．

　中心集落や中心集落に比較的近い位置にある集落に居住する児童の手描き地図に描かれる範囲は，学年とともに拡大していくことがわかる．逆に児童数が少なく孤立した集落である嵩，楪，西山，大平，小洞の児童の手描き地図の描かれた範囲は，学年とともに明瞭に拡大しているとは言えず，中心集落やその周辺の集落の児童と比べると狭い範囲しか描かれていない．

　中心集落とその近くに居住する児童は隣接する集落へ容易に行くことが可能であるため，他の集落の児童とも遊ぶことが可能である．また，自分の居住す

表4-2　集落別児童数

集落名	児童数	集落名	児童数
西山	3	入野	18
薄野	11	野黒	12
小草	8	八幡	5
中盛東	26	大平	10
中盛西	19	小洞	9
後口	15	嵩	7
松坂	4	楪	7
下田	18		

単位は人．
1992年学校基本調査より

る集落の児童数も多く，遊び仲間とすることのできる児童数は多い．中心集落やその周辺に居住する児童はギャング・エイジを迎えたときに容易に徒党を組むことが可能である．その結果，濃密に自分をとりまく環境を体験し，また，仲間集団で探検行動を行い自分の知っている範囲を拡大させる．ところが，孤立した集落の子どもは，中心集落や隣の集落までの距離があり，遊ぶ範囲が自己の集落内にとどまることになる．そのため中心集落などの児童と比べ，遊び仲間とすることのできる児童数が少なく，ギャング・エイジを迎えても，大きな仲間集団で遊ぶ機会を得るのが難しい．このことが手描き地図の描かれた範囲に反映されていると考えられる．

　調査中，孤立した集落に住む子どもの親に次のような話を聞いた．小洞に居住するA（5年生女子）は，夏休みは小学校へ通学しないため，友達と遊べず，家に閉じこもりがちになる．子どもが家に閉じこもりがちになることは良くないとAの親は考えていた．そこで夏休みの間は軽トラックに子どもの自転車を積み，久田見の中心集落である中盛まで子どもを連れていき，Aを友達同士で遊ばせていた．この例は孤立した集落の児童が自己の集落内で仲間集団を形成して遊ぶことは，中心集落の児童と比べて難しいことを示す例といえる．

　また，久田見小学校は小学校区が広いため，スクールバスで通学してくる児童もいる．スクールバスによる通学の影響も手描き地図に現れている．B（男子）は小学2年生で嵩に居住している．彼の手描き地図は家から学校まで，ただ道だけがただ延々と描かれたものであり，彼の生活空間は学校と家とが切り離されたものとなっている（図4-4a）．彼は放課後すぐに出発するスクールバスに乗り自分の居住する集落に戻ることから，小学校の仲間たちと大人数で放課後に遊ぶことが難しく，小学校のまわりの環境を遊びの中から濃密に体験することはできない．モルテンソン（1988）は，遠い保育園に親の自動車の送迎で通園すると，子どもにとって自分の家と保育園の二つの行動の起点ができてしまい，それぞれの場所を濃密には体験できないので，自分のいる場所のことを良く知ることができず，子どもが心理的に不安定になることを指摘している

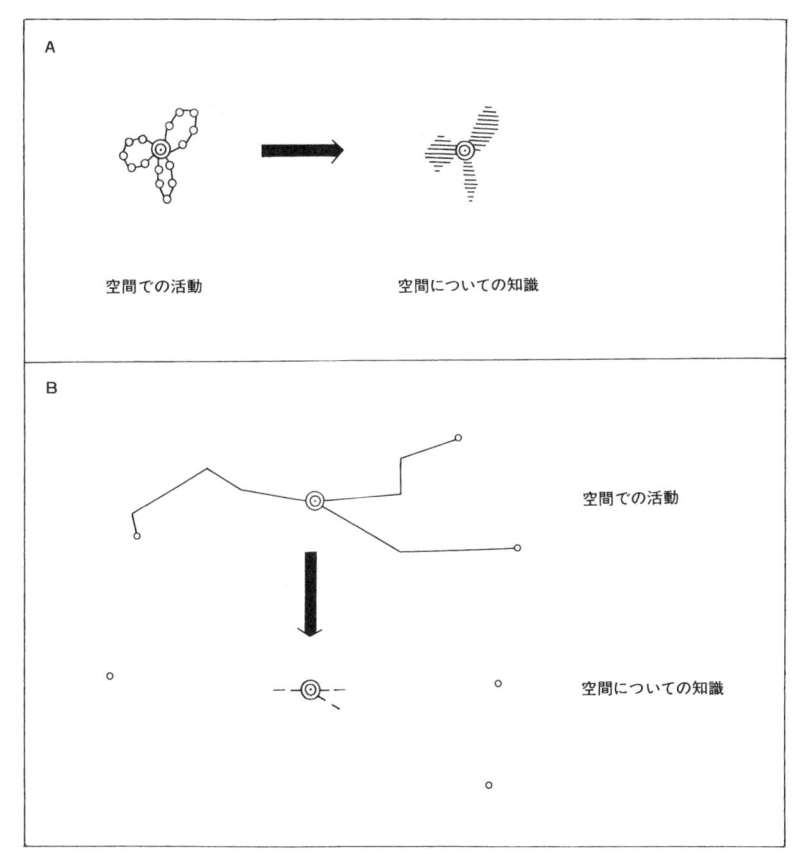

図 4-7 子どもにとっての「身近な環境」(A) と「遠くの環境」(B)
モルテンソン (1988) より

(図 4-7). Bの事例では，自分の居住する集落と学校の二つの異なる場所が児童の中で適切に結びつかなかった結果，家から学校までの道だけを表す手描き地図が描かれたと考えられる．

児童が中心集落やその近隣に居住することや孤立した集落に居住することが手描き地図の描かれた範囲に反映されることがわかった．児童を取りまく物理

的な環境は手描き地図に反映される可能性がある．手描き地図を詳細に分析することにより子どもを取りまく環境の問題点を指摘することも可能であるだろう．

　ところで，牧歌的に想像されがちな農村の子どもの生活であるが，現在では過疎化が進行し，仲間集団を形成できず，家屋に閉じこもりがちな傾向にあることが指摘されはじめている．今後，少子社会の進行により，都市部でも児童数の少ない孤立した集落のような状況が多く発生する可能性がある．そのような状況になれば仲間集団を十分に形成するだけの子どもが集まることができず，家に閉じこもりがちになる子どもが増加することが予想される．子どもが外遊びをしないために自分の居住する近隣にふれあう機会が減少するという問題は，農村だけのことではなくなるであろう．

　手描き地図は子どもを取りまく環境を読みとる手がかりとなるものである．手描き地図を物理的な環境とのかかわり合いから分析するという視点は地理学の独自の視点といえるのではないだろうか．子どもの手描き地図を積極的に分析することによって今後現れるであろう子どもを取りまく環境の問題に対して地理学から取り組むことも可能であろう．

（大西宏治）

第5章　手描き地図にみる身近な地域の構造化

　4章で述べられた山村における子どもの知覚環境は，地形的な要因により特徴的な内容を持っているが，比較的平坦な平野と急峻な山地の両方を持っている地域を対象にして調査してみれば，どのような傾向がみられるであろうか．

　とくに子ども自身が身近な地域を地図として描く方法を採用し，その構造化に着目してみたい．身近な地域の構造化に関しては，岩本（1981）による東京都文京区における調査事例があり，ここではその研究との対比も試みてみたい．

　欧米においても，近年，手描き地図をもとにした子どもや大人の空間認知に関する研究に，関心が向けられるようになった．たとえばAppleyard（1970）は，手描き地図をsequentialとspatialに分類し，各々をさらにtopologicalな地図からpositionalなそれへと4区分している．また，Ladd（1970）は，黒人少年の近隣の手描き地図を分析し，その中にみられる心的な境界線や場所の社会的意味や機能について報告した．Pocock（1976）は，イギリスのDurhamに関する4つの集団（居住者，来訪者，国内旅行者，国外旅行者）に対して，地図の様式（map style），よい形（good-figure），方向づけ（orientation）の3点から，Appleyardの結果と比較対照しつつ，メンタルマップの諸特徴について論じた．さらに，Matthews（1980）は，11〜18歳の学生が描いたCoventry都心の地図をLynch（1960）の分類を適用し，情報と完成度（information and completeness)，外形と形態（shape and form），地図の様式（map style），正確さ（accuracy）の視点から検討した．

このように，手描き地図そのものの分析を中心とした研究に加え，Hart（1979）は，New England の小さな山あいの街の子どもを対象に手描き地図だけでなく，詳細なフィールドワークによって，子どもの地点把握や様々な空間行動について丹念に記録した．

同様にわが国においても，岩本（1981）が，東京都文京区立柳町小学校3年生を対象に，手描き地図の検討や行動実態の観察によって，心像環境の構造を解明した．しかし，寺本（1984）は，岩本の研究結果といくらか異なる結果を得た．

そこで，本稿では，岩本の研究と比較しつつ，手描き地図からみた「身近な地域」の構造化に関して，若干の考察を加えてみたい．

(1) 手描き地図を描く

調査方法として，知覚空間における「身近な地域」の構造把握のため，手描き地図による検出方法を採用した．これは，B4判の白紙を子どもに渡し，「あなたの住んでいるところとまわりのようすについて，地図に書いて下さい．1)」と指示し，継ぎ足しの紙（B5判）を無制限に使用させて，フリーハンドで描かせるもので，各学級ごとに約30分かけて実施した．また，その際，調査者2名が机間巡視2)しながら，各児童・生徒の描図順序について，できる限り記録した．

研究対象地域として，熊本県阿蘇カルデラ内を選定し，そこに位置する小学校8校，中学校4校，計12校（児童・生徒数合計1,432名）から調査協力を得た．カルデラ内は，「谷内（たにうち）」と呼ばれ，ほぼ東西に配列する中央火口丘を境にして，北側の阿蘇谷（あそだに）と南側の南郷谷（なんごうだに）に分けられている．本稿では，阿蘇谷における事例を取り上げ，そのうち特に阿蘇町内牧（うちのまき）に位置する内牧小学校の児童に

第 5 章　手描き地図にみる身近な地域の構造化　　57

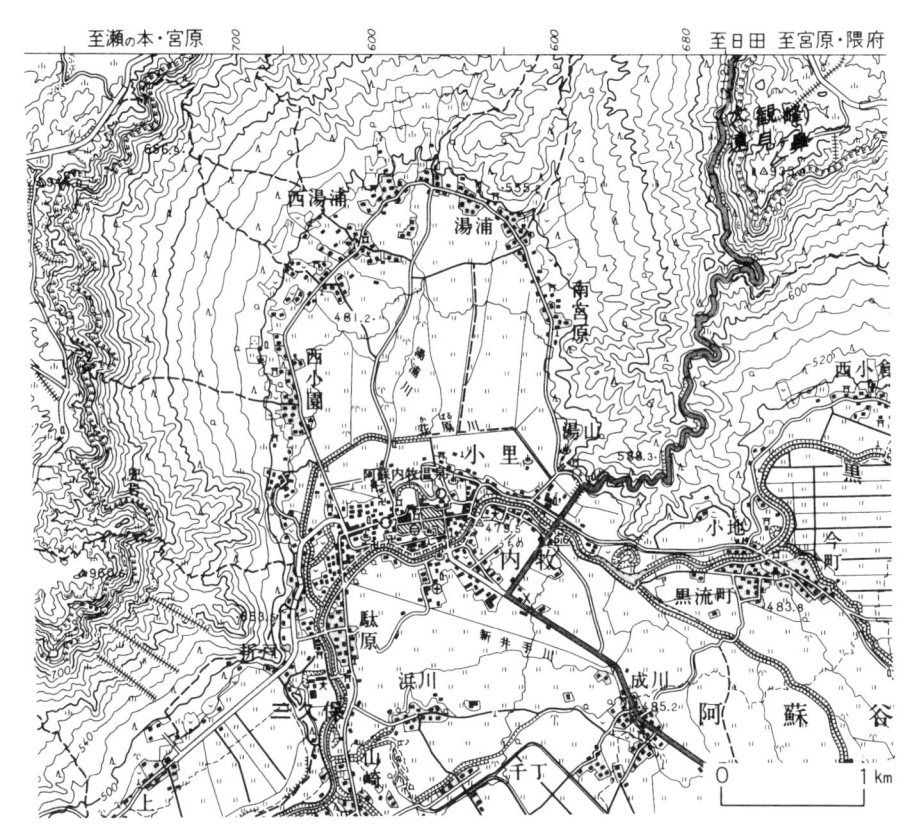

図 5-1　研究対象地域
　5 万分の 1 地形図,「阿蘇山」図幅より転写
　図中の三角点 (479.5m) の脇にある「文」の記号が内牧小学校である. 黒川は, その北側を東から西へ流れている. 内牧小学校の学区域は, 北は湯浦, 東は今町, 南は成川, 西は山崎に至る広い範囲で, 地図中の集落の広がるほぼ全域にあたる.

ついて, その調査結果を報告し, その他は比較対照の資料とした.
　阿蘇町内牧は, 大観峰とかぶと岩にはさまれた外輪山内壁の湾入部の入口に位置し, 一の宮町宮地3) と並んで, 阿蘇谷の中心集落である (図 5-1). 東から西へ流れる黒川の河畔に街並みが発達し, 温泉街を形成している. 役場近く

には，商店や住宅が密集しており，周辺の水田を主たる土地利用とした農村景観に比べて，小都市的景観を呈している．内牧小学校は，黒川に面した，やや中心街から離れた地点に位置している．なお，内牧小学校は，阿蘇郡最大規模の小学校であり，学区域も内牧をはじめ，その北の湯浦(ゆのうら)地区を含んだ広い範囲に及んでいる．

(2) 「身近な地域」の特性

「身近な地域」の特性を把握するために，手描き地図を以下の2点から検討し，合わせて岩本（1981）との比較も行った．

描かれた空間の広がり

地形図上に子どもの手描き地図の読み取り結果を写し，とくに描かれた空間の範囲をトレースして学年ごとにまとめた（図5-2〜図5-4）[4]．

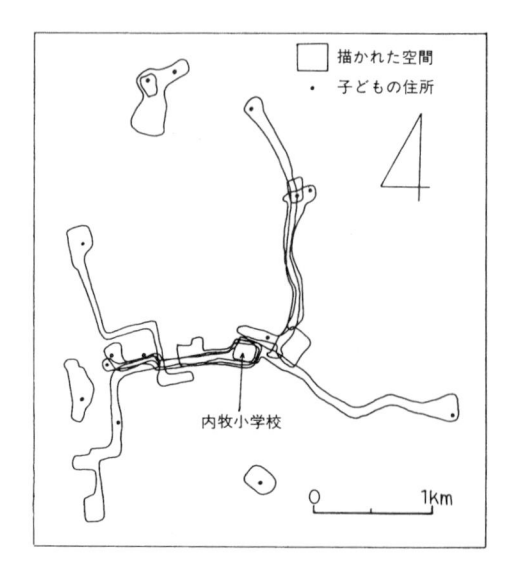

図 5-2 描かれた空間の広がり（2年生の例）

第5章　手描き地図にみる身近な地域の構造化　59

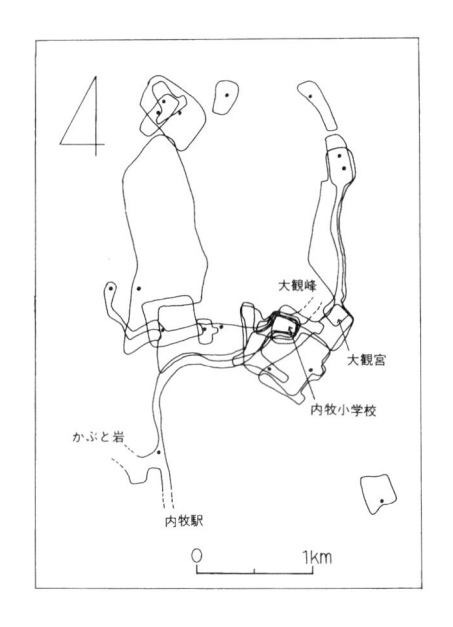

図 5-3　描かれた空間の広がり（3年生の例）

　その結果，2年生では，自宅周辺の狭い範囲か，自宅－学校間を細い線で結ぶ例が多い．湯浦地区などから通う子どもは，通学距離が長いためか，学校まで描くのを止め，自宅周辺を描くにとどまる傾向もみられた5)（図5-2）．3年生になると，やや面的にも拡大し，一部に大観峰や阿蘇山，内牧駅，かぶと岩まで描く子どももみられたが，大部分は自宅や学校周辺を描いている（図5-3）．5年生になると，広がりも著しく拡大する．中には，阿蘇谷西端に位置する立野の阿蘇大橋まで描く例もみられたが，宮地小学校の例に比べ広がりに顕著な歪みも共通してはみられず，依然として自宅周辺や道路沿いに細長く描くにとどまっている例が多い（図5-4）．

　全体として，筆者が先に報告した一の宮町宮地小学校の場合（寺本，1984, p.93）に比べ，描かれた空間の重なりは，内牧小学校周辺の狭い範囲を除いて，あまり目立たないように思われる．この傾向は，手描き地図の類型化によっても裏づけられる．岩本（1981, p.131）は，自宅と小学校を結ぶ動線の有無や広

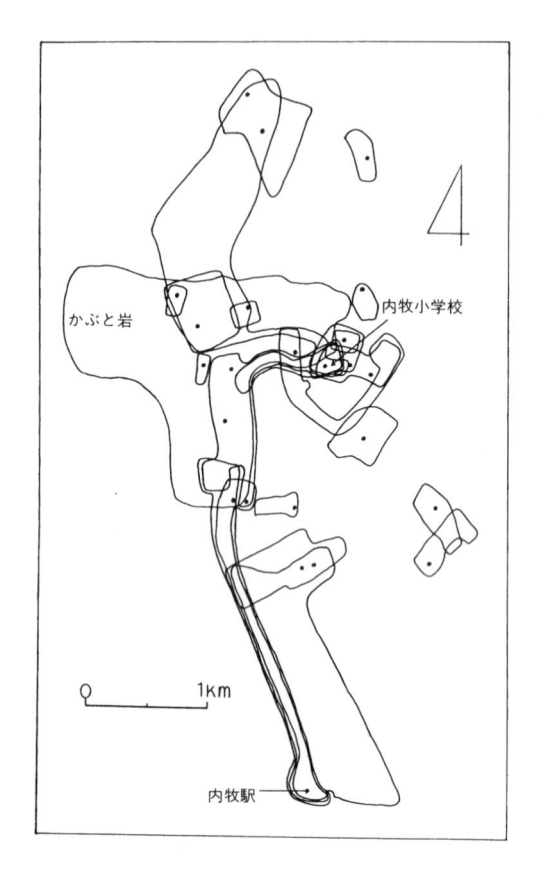

図 5-4　描かれた空間の広がり（5年生の例）

がり具合いを指標としつつ，図 5-5 に示す四つの類型を案出した．筆者は，この類型に従って，宮地小学校と内牧小学校で得た手描き地図を分類した（表 5-1）．その結果，宮地小学校の場合は，自宅のまわりの狭い範囲だけを克明に描く第 II 型と自宅と小学校の両者を含む，面的に広い範囲を描く第 IV 型が多くみられるのに対し，内牧小学校の場合は，ほとんどが第 I 型もしくは第 II 型に属する手描き地図であった．これは，前述したように，内牧小学校の学区域が，宮地小学校のそれに比べて，かなり広く，内牧の街並み自体も宮地に比べ，明

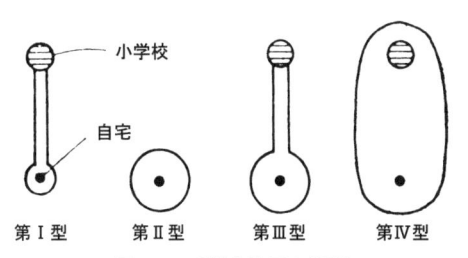

図 5-5 　手描き地図の類型
岩本（1981）p131 より

瞭な動線を形成しにくいことが原因であろうと思われる.

　岩本は，子どもの記憶地名の分布状況や手描き地図に描かれた空間の広がり，子どもの行動実態などの検討を通して，学区域を子どもの「身近な地域」の基準とし得ると結論づけた．しかし，岩本が調査した東京都文京区柳町小学校の学区域の範囲とその周辺の地形，あるいは動線としての道路のパターンなどの状況と筆者が本稿で扱った内牧小学校の状況とを比較した場合，内牧小学校のような広い学区域全体を子どもの「身近な地域」の基準として，ただちに採用することは，かなり無理がある[6]．当該地域の子どもに共通する「身近な地域」は，当該地域の地形や集落のまとまりの具合，学区域の範囲，動線としての道路パターンなどの諸条件を考慮に入れながら，その範囲を設定すべきであろう．

表 5-1　手描き地図の分類結果

学年	宮地小学校					内牧小学校				
	I	II	III	IV	計	I	II	III	IV	計
2	11	51	2	8	72	45	44	7	3	99
3	4	40	4	40	88	5	75	5	6	91
5	0	40	1	36	77	3	90	5	11	109

I〜IVの類型は岩本（1981, p131）による.
（単位：人）

描かれた要素

手描き地図に描かれた要素の中で，共通して描かれ，出現頻度の高い要素を抽出してみた（表5-2）．内牧小学校や黒川，小学校正門前の青木文具店，スーパー「コアラ」，「ピラミッド[7]」，役場などが，比較的多く出現する要素であるが，それらの全体の中で出現する割合は，それほど高くない[8]．黒川は，堤防沿いの道路が通学路ともなっているため，パスとしての機能を果たしているが，内牧小学校の西方の街はずれに位置する阿蘇北中学校や，街の中にはあるが，子どもの行動と関係が少ない内牧郵便局などは頻度が著しく低い．

全体として，共通して描かれる要素の種類が少なく，出現頻度もそれほど高くない理由として，内牧小学校の児童の行動範囲が，学区域が広いことと相俟って拡散しているため，それぞれの自宅周辺を描く傾向の方が強まったことがあげられる．同時にその傾向が，共通して描かれる要素の種類や頻度の低さとなって表れているものと推測される．

次に，描かれた要素の中で，子どもが最初に何から描きはじめるか，という点について検討してみたい．表5-3は，内牧小学校で得られた結果（一部，記

表5-2　手描き地図に共通して描かれる要素（内牧小学校の場合）

順位	2年98名（人数）	3年92名（人数）	5年110名（人数）
1	内牧小学校(54)	黒　　　川(47)	黒　　　川(44)
2	黒　　　川(40)	内牧小学校(39)	内牧小学校(29)
3	青木文具店(26)	青木文具店(23)	コ ア ラ(19)
4	コ ア ラ(16)	コ ア ラ(19)	青木文具店(17)
5	ピラミッド(9)	役　　　場(12)	町民運動場(16)
6	役　　　場(8)	ピラミッド(11)	役　　　場(11)
7	町民運動場(4)	町民運動場(11)	か ば る 川(9)
8	か ば る 川(4)	か ば る 川(5)	ピラミッド(7)
9	阿蘇北中学(3)	阿蘇北中学(5)	阿蘇北中学(4)
10	内牧郵便局(2)	内牧郵便局(3)	内牧郵便局(1)

表 5-3 子どもが最初に描いた要素の割合
（内牧小学校の場合）

	2 年	3 年	5 年
自 宅	48人	34人	44人
学 校	34	35	7
道 路	20	20	31
お 店	1	1	2
駅			1
その他	5	3	11
計	108	93	96

表 5-4 子どもが最初に描いた要素の割合
（阿蘇カルデラ内に住む被験者総数 1,227 人）

	小 学 校			中学校
	2年(%)	3年(%)	5年(%)	1年(%)
自 宅	161人(46)	90人(28)	93人(30)	97人(38)
学 校	92 (26)	112 (35)	64 (21)	34 (13)
道 路	66 (19)	73 (23)	110 (36)	65 (26)
お 店	5 (1)	4 (1)	5 (2)	5 (2)
駅	4 (1)	11 (3)	6 (2)	18 (7)
その他	23 (7)	27 (9)	27 (9)	35 (14)
計	351 (100)	317 (100)	305 (100)	254 (100)

録できなかった）である．これによれば，子どもは，自宅，学校，道路のいずれかから描きはじめる傾向が強い．こうした傾向は，表 5-4 にみられるように，今回の調査で得られたすべての被験者にとっても，同様の傾向が示されたので，かなり一般性を有するものと思われる．

(3) 座標系の発達

　個人を取り巻く実際の環境に対する認知表象には，これまで様々な用語が当てられてきた．たとえば，イメージ・マップ（image map）とか，スケッチ・マップ（sketch map），メンタル・マップ（mental map），フィールド・マップ（field map），図式（scheme），近隣地図（neighborhood map）などである．しかし，これらは，「物理的環境の内面化された心理的反映」を指している言葉であるため，あくまで外的表象（たとえば，描画，地図，言葉，モデル）（中略）から，内的表象を推測できるに過ぎない（Hart・Moore, 1973, p.268）．とりわけ，被験者自らの手による描画や描図は，描図力の個人差[9]に加え，3次元の空間を2次元の紙の上にしか表現できないという制約があるため，それらの解釈には，慎重を要する．

　認知表象に関する以上の問題点を踏まえ，ここでは，手描き地図の発達からみた「身近な地域」の構造化について考察したい．

　知覚空間における「身近な地域」が構造化されるためには，認知の枠組として座標系と距離尺度が獲得されなければならない（滝沢，1961）が，それらは，いったいどのように子どもに備わってくるのであろうか．子どもの知覚空間の発達を個体発生的にとらえてみた場合，次のような発達の図式が考えられる．

　発達の初期の段階では，子どもは，自宅，つまり自己のいる場所を中心として，対象物に向かっている．子どもの手描き地図を分析してみても，自宅周辺の地物をただ単に羅列して表すのみにとどまり，地物相互の位置関係や自己との位置関係はきわめて不正確な場合が多い．自宅と学校とを線で結んで描ける子どももいるが，その手描き地図は，自己との空間体験が深い景観標識という点をたどることによって描いた，線的な「行程図」といえよう．このような，いわば自己中心的な段階から，しだいに自己の位置と他の地物との相互の位置関係が正確に形成されていくものと思われるが，筆者は，その際，「動線」が大

第5章　手描き地図にみる身近な地域の構造化　　65

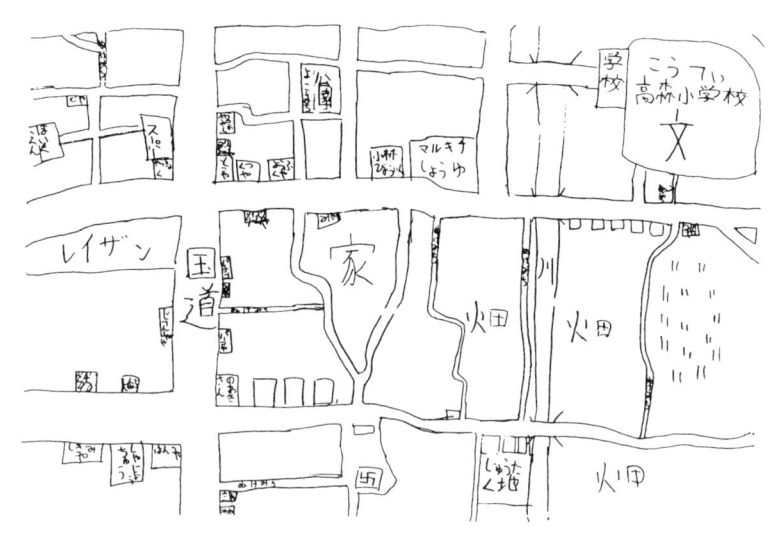

図5-6　G男（高森小学校5年）の手描き地図

きな役割を果たすものと考えている．本稿で扱った手描き地図の場合，それは道路や川によって表された．この動線が，子どもの空間認知の重要な枠組の一つとして作用していることは，子どもの空間行動が動線に沿って行われていることも示している．

　図5-6は，南郷谷の高森(たかもり)小学校5年生のG男の手描き地図であるが，国道や川を重要な枠組として描き，その中に学校や自宅，お店，公園などの要素をほぼ正確に配置している．もちろん，絶対的な尺度を持った客観的な距離ではなく，あくまで，対象物相互の位置関係において正確なのである．また，この地図の特徴として，「ぬけみち」が，7カ所も描かれていることがあげられる．これらは，主要な道路と道路の間を結ぶように描かれているが，おそらく描いた子どもにとっては，主要な広い同じくらい重要な道であろうと思われる．つまり，子どもにとっての動線の密度が，きわめて高いのである．

　従来，知覚空間における座標系として，東西南北という基本方位が，どのよ

A) Egocentric System of Reference

B) Fixed System of Reference

C) Abstract System of Reference

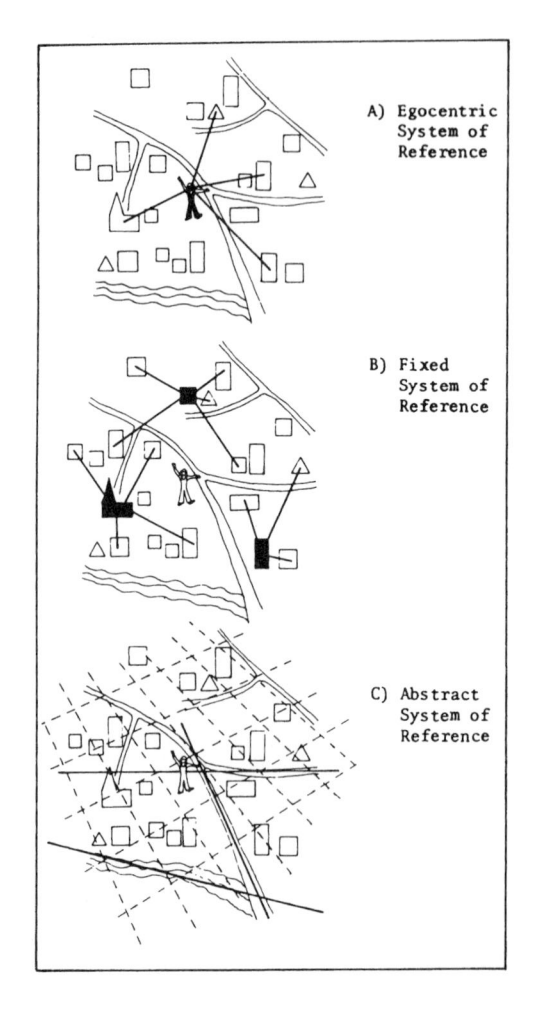

図5-7 知覚空間における子どもの定位の発達

Hart (1981) p198 より
左図は，子どもが身のまわりの景観の中において，A) 自己中心的な定位の状態から，しだいに，B) 環境のなかの固定された要素を手がかりにした定位，さらに，C) 道路や川の方向を動線として利用しつつ，座標を形成した状態へと発達していく様子を表している．

うに形成されるのか，といった点に主たる関心が向けられてきた．しかし，実際には子どもが自らを取り巻く環境を知覚し，構造化していく際には，むしろ子ども自身の空間行動によって形成される動線が，大きく作用しているのではないか，と思われる．したがって，一般に直立している人間が用いる垂直軸や

水平軸，前方と後方，右側と左側，地表などの「自然の座標系」(Bollnow, 1963) や東西南北という方向軸とは別種の，いわば行動や経験によって形成される座標系も存在すると考える．

Hart (1981) は，こうした子どもの知覚空間における定位について，Shemyakin (1962) の用いた3つの定位体系を参考にして，自己中心的定位 (egocentric system of reference)，固定的参照系 (fixed system of reference)，相互協応的参照系 (coordinated system of reference) という言葉を用い，個体発生的な発達過程を説明した．また，ピアジェらによる発達図式を参考にし，3つの参照系の発達の流れをグラフィックに表現した（図5-7）．こういった，A→B→Cといった継起的な発達過程は，本稿で考察した手描き地図の図式発達の大まかな傾向にも合致していることから，根拠のあるものとして筆者は評価している．

本稿では，熊本県阿蘇谷に位置する内牧小学校の事例をもとに，手描き地図の分析を通して，子どもの知覚空間における「身近な地域」の構造化について検討してきた．

その結果，子どもは自宅や学校を起点として地図を描きはじめ，通学路やそのほかの道路を枠組（動線）として利用しつつ，しだいに広い範囲を描いていくことがわかった．これは，ただちに子どもの内的表象としての知覚空間の構造化を全て表すものではないが，岩本 (1981) で報告された結果との比較などから，構造化の始まりを推測させる手がかりとして解釈できる．

（寺本　潔）

[注]
1) 岩本 (1981, p.130) の調査では，「あなたの住んでいるまちのようすを絵地図にかいてみなさい．」と指示しているが，本調査では「まち」という用語に対して子どもが行政的な町村境界を意識する危険性が，わずかでもあると考え，漠然としてはいるが，「ところとまわり」という言葉を使用した．
2) 容易に描けない子どもに対して，励ましたり，ヒントとして「おうちのまわりや学校のまわりなど，何かあるかな？　道やお店などあるかな？　思い出してごらん．」と言った．

また，空白をなるべく埋めて描くように指示しながら，子どもの横ですわり，「○○君はよく書けているね.」，「遠くの方までよく知っているんだね.」などと誉めたり，親しげに話しかけたりした．このような助言は，描図力の個人差を少しでも軽減させようと意図して行ったものである．

3) 寺本 (1984) では，主に宮地における調査結果を中心に報告した．
4) 内牧小学校における被験者数は，2年生 (111人)，3年生 (101人)，5年生 (114人) 合計326人であるが，すべての被験者の結果を書き示すことは，きわめて繁雑になるので，各図には，その代表例を選んで示した．
5) 筆者が巡りながら，「学校はどっちの方にあるの？」と尋ねたら，「ずぅーと遠くにあるの，だからかききれないや．」という返事を得た．
6) 南郷谷の久木野村立久木野小学校の場合は，一村一小学校という状況であるため，内牧小学校で得た手描き地図の結果に比べ，より一層，学区域を「身近な地域」の基準にすることは困難であると思われる．
7) ピラミッド型の建物で，小学校近くにある大観宮の社殿を指して命名した，一種の子どもにとっての通称地名である．
8) 宮地小学校の場合は，18もの建物が，高い頻度で描かれた（寺本，1984, p.95）．
9) 入谷 (1974, p.106) は，「つまり描くという人間の特殊な動作は，見たものをそのまま表すのではなく，見たものをまとめ上げ，概念化したものを表しているのであり，このまとめ上げ，概念化したものが，書くという運動的な協応動作を伴うので，それによってゆがめられる可能性があるのである．」と述べている．

第6章　写真に示される子どものまなざし

　ここでは，子どもの撮影した写真を分析し，子どもが地域にどのようなまなざしを注いでいるのかについて考えていく．

　これまで地理学で行われてきた子どもの知覚環境研究の多くは，手描き地図を用いて，子どもの知覚環境を把握しようとしている．手描き地図は子どもが自由に記述でき，想起したものを比較的取り出しやすいため活用されてきた．しかし，子どもの描写能力には個人差が大きいこと，知覚環境を2次元の紙の上に表現しなければならないなど，手描き地図から子どもの知覚環境を把握することにも限界がある．

　この問題の解決に有効な示唆を与えてくれるのが，野田（1988）や久・鳴海（1992）による子どもの撮影した写真を分析した研究である．野田は，精神投影法の一手法として子どもの撮影した写真を分析し，子どもの内面の都市を描き出そうとした．また久・鳴海は，子どもにとってのまちづくりを考える際に，子どもが日常，街の中の何に注目して生活しているかを把握する必要があることから，大阪都心部とその近郊で子どもにカメラをもたせ，撮影された写真から子どものみる街がどのようなものなのかを検討した．

　写真を用いた場合，知覚環境を2次元の紙に変換するような困難さは少なく，描写能力の差も小さくなる．それに加えて，これまで子どもの知覚環境と行動

のつながりを検討しようとすると，手描き地図調査を実施した上に，子どもの空間的行動を調べなければならなかった．子どもが撮影した写真を利用すると，子どもの行動と知覚環境を同時にとらえることができることも多い．このように写真を用いるという方法は，子どもの知覚環境を研究するには有効な方法だと予想される．また，使い切りのカメラが普及し，このような調査が行いやすくなった．

そこで，写真を用いて子どもの知覚環境を把握することの有効性の検討を行うのが本章で紹介する研究である．なお，この写真を用いて子どものとらえた環境を把握する方法を「写真投影法」と呼ぶことにしたい．

(1) 研究対象地域と調査の方法

この調査は，愛知県西加茂郡藤岡町の南部にある中山小学校学区で実施した（図6-1）．藤岡町は三河高原の西端の丘陵地に位置し，「昭和の森」「緑化センター」といった大規模な公園緑地を有し，その中には遊歩道が完備されており，児童が自然に触れる機会が多い．藤岡町中山小学校の学区は，自動車工業でよく知られる豊田市の北部に接しており，藤岡町の南の玄関口にあたる．近年，自動車工業の飛躍的な成長につれて豊田市への通勤が増加し，町も工場の誘致などを行い就業機会が増加した．そのため藤岡町南部では豊田市のベッドタウンの様相を呈しはじめている．対象地域内には，有料自動車道である猿投グリーンロードが東西に横断しており，人は陸橋を横断して南北を行き来することになる．また，対象地域内を南北に国道419号が縦断しており，トラックなどの大型車の通行が多い．これらのことが児童の行動などにも大きな制約となるものと考えられる．

この調査では「写真投影法」の有効性を検討する．そのため，「写真投影法」と比較するため手描き地図調査も行った．手描き地図に現れた要素と，写真に現れた要素の比較を通して写真投影法の有効性を検討した．

図 6-1 対象地域(中山小学校学区)

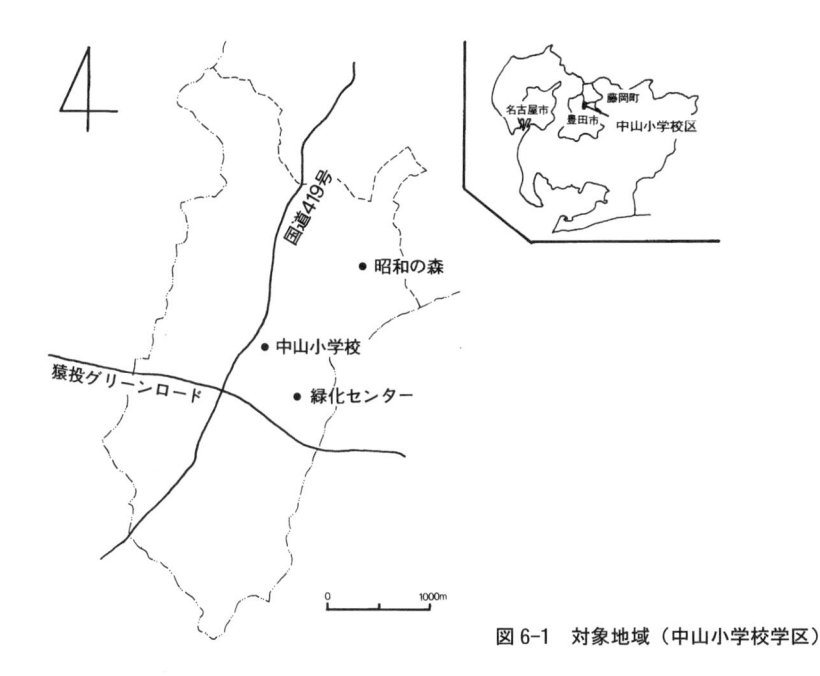

　子どもが環境を知覚する際,主観や感情を付して知覚する傾向がある(山野,1985;寺本・吉松,1988).これは相貌的知覚と呼ばれ,心的発達とともに失われていく環境知覚の様式とされる.このような子どもに特徴的な環境知覚の様式を利用して知覚環境を把握しようと考えた.そこで今回は,地域の中の「好き」「嫌い」なものという比較的取りだしやすいものに注目した.

　調査を実施したのは小学3年生の1クラス31名(男子17名　女子14名)である.調査では次の3つの作業を実施した.①手描き地図の作成,②写真の撮影,③写真に対するコメント記入である.手描き地図調査ではB4大の白紙に,「あなたのすんでいる町の『好きなところ』や『好きなもの』『嫌いなところ』や『嫌いなもの』,また『ほかの町の人に自慢のできるもの』『ほかの町の人に自慢のできないもの』などを描いて下さい」と教示し,約30分かけてフリーハンドで描かせた.その直後に「写真投影法」の調査を行うため,児童に

使いきりカメラ（15枚撮り）を手渡した．この時の教示も「あなたのすんでいる町の『好きなところ』や『好きなもの』，『嫌いなところ』や『嫌いなもの』を撮って下さい」とし，同時にカメラの使い方も説明をした．児童による写真の撮影は，手描き地図調査の翌日の土曜日・日曜日の2日間かけて行われた．その調査の10日後，できあがった写真を児童に返却し，それぞれの写真に対してコメントを記入させた．

(2) 手描き地図にあらわれた知覚環境

手描き地図に描かれた要素

手描き地図にあらわれた要素を1「自然に関するもの」，2「コミュニケーション空間に関するもの」，3「建築物に関するもの」，4「交通に関するもの」，5「生き物に関するもの」，6「その他」の6つのカテゴリーに分類した（表6-1）．

「自然に関するもの」は，地域の豊かな自然を反映して，「森林」が多く描かれた．「森林」の男女の差をみると，活発な遊び活動をするため，男子が女子の3倍近く描いている．これと対照的なのが「草原・花」と「川・池」である．これは女子の方が男子の3倍程度の記入数がある．女子の「草原・花」の記述は，道路沿いの花の咲いている場所の記述が比較的多く，「川・池」の場合も水たまりのようなものや，「どぶ川」といった道沿いにあるものの記述が多い．これらのことから，男子は活動範囲が広く，道からはずれた「森」のようなものを多く描く傾向が表れ，女子の場合は活動が道からはずれることが少ないため，道沿いにある要素の出現頻度が高くなったと考えられる．

「コミュニケーション空間に関するもの」は，遊び行動を反映して，日常の遊び場として利用する「空き地」，「公園」の記載が多い．集団登校する際の「集合場所」を多くの児童が描いた．「集合場所」は，朝のわずかな時間，友達と話をしたり，簡単な遊びをしたりという点から考え，子どもにとって重要なコミュニケーションの場であることが伺える．集合場所は，女子の方が男子と

表6-1 描かれた要素

1 自然に関するもの

	全体	男子	女子
森林	39	29	10
田畑	18	10	8
草原・花	14	3	11
川・池	13	3	10
山	10	6	4
その他	17	13	4
合計	111	64	47

2 コミュニケーション空間に関するもの

	全体	男子	女子
空き地	26	14	12
公園	13	7	6
駐車場	6	4	2
集合場所	10	3	7
合計	55	28	27

3 建築物に関するもの

	全体	男子	女子
自分の家	30	16	14
友人の家	29	12	17
他の家[1]	28	14	14
店舗	48	35	13
工場	13	8	5
小学校	8	7	1
塾・習い事	5	5	0
集会所	4	2	2
その他	18	16	2
合計	183	115	68

4 交通に関するもの

	全体	男子	女子
バス停	3	2	1
特別な路[2]	24	16	8
信号	7	7	0
橋	4	1	3
合計	38	26	12

5 生き物に関するもの

	全体	男子	女子
犬	40	16	24
動物のふん	12	7	5
その他	14	10	4
合計	66	33	33

6 その他

	全体	男子	女子
子ども道	11	9	2
秘密基地	12	8	4
廃屋	6	5	1
ゴミ捨て場	7	2	5
合計	36	24	12

注
1) 手描き地図上の家屋を見ると「自分の家」や「友人の家」などの意味を記入していない家屋がかなりの数描かれているため，そのような家屋はいくつ出てきてもひとまとめにカウントした．
2) 特別な道は，道に「坂がきつい」とか「車がたくさん通る」など，何らかの意味のある書き込みがあった場合，特別な道とカウントしている．子ども特有の近道や，秘密の道はここではカウントせず，「子ども道」という項目をつくりカウントした．

よりわずかではあるが多くの記載があり，朝の集合は女子にとっては「おしゃべり」などもでき，重要な場所として受けとめられていると考えられないだろ

うか．

　「建築物に関するもの」は，全員が「自分の家」を描いた．また，「友人の家」を描いた児童の場合，一人の友人ではなく複数の友人の家を描いている場合が多い．「店舗」の出現も多い．「店舗」は目立つというだけではなく，生活に関連が深いものも多いため，児童にとって印象が強く，多く描かれる結果となった．また，地域の特徴を反映し，「工場」も多い．建物が大きく，大きな音も聞こえるため印象が強くなるのであろう．

　4「交通に関するもの」は，道路にスピード表示や，トラックがよく通るといった特別な記載がある場合「特別な道」としてカウントした．ただし，子どもの抜け道とか秘密の道は，「その他」に別項目を設定した．道が描かれる頻度は高く，ふだん歩く道路に児童はかなり関心を持っているようである．

　「生き物に関するもの」は「犬」の記載が多く，また嫌いなものを描くように教示したためか異臭を放つ「動物のふん」も多く出現した．

　「その他」には，抜け道とか秘密の道というような「子ども道」の利用や「秘密基地」のような子ども独特の行動を示す要素が分類された．また，廃屋を「お化け屋敷」などと記入した例もいくつかみられた．

　描かれた要素を「正のイメージ」「負のイメージ」を表したものが表6-2，表6-3である．「正のイメージ」は，好き，楽しい，わくわくするなど，その要素を好ましく感じているとわかる記入があるものとした．「負のイメージ」は，嫌い，くさいなど嫌悪感を表している記入があるものである．また負のイメージに「こわい」という感情も入れた．「こわい」という場合，「お化け屋敷」と記された廃屋のように，こわいからなおさらそこに行きたくなるという側面もあるが「負のイメージ」にカウントした．結果として正のイメージが，負のイメージよりも出現数が多かった．回答に当たって「嫌い」なものよりは，「好き」なものを描きたいのだろう．

　正のイメージは「その他」に分類される「秘密基地」や「子ども道」の利用に多い．これらは子どもの自由な活動であり，自分で作り出したり，みつけだ

表6-2 「好き」などの正のイメージで記入された要素

1 自然に関するもの	全体	男子	女子
森林	3	2	1
田畑	2	1	1
草原	5	2	3
山	4	4	0
その他	2	1	1
合計	16	10	6

2 コミュニケーション空間に関するもの	全体	男子	女子
空き地	18	8	10
公園	9	5	4
駐車場	1	0	1
集合場所	1	0	1
合計	29	13	16

3 建築物に関するもの	全体	男子	女子
自分の家	3	2	1
友人の家	7	7	0
他の家	2	0	2
店舗	7	3	4
その他	4	3	1
合計	23	15	8

4 交通に関するもの	全体	男子	女子
特別な道	2	0	2
橋	1	0	1
合計	3	0	3

5 生き物に関するもの	全体	男子	女子
犬	15	6	9
合計	15	6	9

6 その他	全体	男子	女子
子ども道	11	9	2
秘密基地	9	5	4
合計	20	14	6

したりした遊び場なので楽しいことがここから推測できる．また「コミュニケーションの空間」の「空き地」や「公園」などの遊び場に関して「好き」という記述が多い．「建築物に関するもの」にも，「友人の家」や「店舗」を好きと記入している例がある．記述を細かくみると，「友だちが好き」とか，「お店の人が好き」というようにそこにいる人が好きか嫌いかが，場所の好き嫌いに結びついている．

表6-3 「嫌い」などの負のイメージで記入された要素

1 自然に関するもの

	全体	男子	女子
森林	4	2	2
田	1	0	1
草原	3	2	1
川・池	5	1	4
山	2	0	2
その他	3	3	0
合計	18	8	10

2 コミュニケーション空間に関するもの

	全体	男子	女子
空き地	1	0	1
合計	1	0	1

3 建築物に関するもの

	全体	男子	女子
店舗	1	1	0
工場	3	1	2
合計	4	2	2

4 交通に関するもの

	全体	男子	女子
特別な道	5	4	1
信号	1	1	0
合計	6	5	1

5 生き物に関するもの

	全体	男子	女子
犬	21	11	10
動物のふん	12	6	6
その他	1	1	0
合計	34	18	16

6 その他

	全体	男子	女子
ゴミ捨場	5	0	5
廃屋	4	4	0
合計	9	4	5

　負のイメージの要素で多いのが「生き物に関するもの」の「犬」である．これは，「ほえるからきらい」や，「こわいからいや」という記入がみられた．「犬」の場合は正の反応も数多くみられるが，吠えられる等の負のイメージに結びつく体験が大きく作用し，正のイメージよりも多くなっている．「特別な道」は「坂になっていていや」とか「大きな車がいっぱい通るのでこわい」などの記入があり，他に反応が多いものとして「ゴミ捨て場」「動物のふん」などがあげられる．共通点は「くさいにおい」がすることである．また，「川・池」なども「においがする」という記述があり，においが嫌われる原因となっている．嗅覚で環境がとらえられている例である．聴覚でとらえる空間をサウンドスケープ，嗅覚で捉える空間をスメルスケープと呼ぶことがあるが，ここでの事例はスメルスケープが強く反映されたものといえよう．

手描き地図と児童の行動

　ここでは一人の児童の行動および手描き地図と実際の地域の比較を試みる．図6-2は，H君の記入した手描き地図である．この手描き地図の範囲を実際の地図に落としたものが図6-3である．この手描き地図は，自分の家，その他の目標地点どうしを結ぶいわゆるルートマップと呼ばれる形状の認知地図を反映したものである．H君は中山小学校の南約300mの位置に居住しており，妹も中山小学校近くの幼稚園に通っている．このH君の手描き地図をみる限り，自分の家と学校を結ぶ通学路が「動線」として機能している．「動線」とは地域を把握する際，座標軸として機能する線のことである．通学路を基準として他の道をとらえていることが手描き地図からわかる．また「昭和の森」という緑地公園の記述があり，これは道沿いだけを記入するルートマップとは若干異なる視点で描かれている．他にも自分の通っているそろばん塾に関しても記載がある．

　H君がこの手描き地図を描いた範囲は，主に猿投グリーンロードの北側である．「動線」であるとした学校と自宅を結ぶ道は，猿投グリーンロードの北側ま

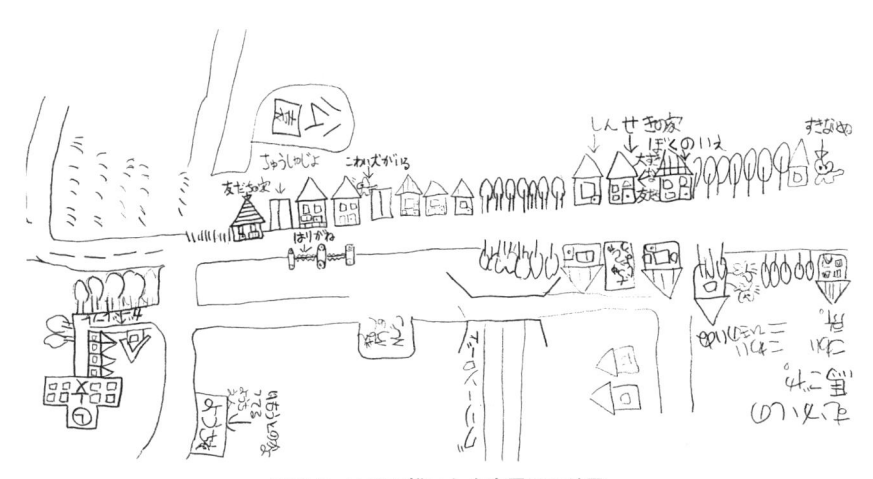

図6-2　H君の描いた自宅周辺の地図

図6-3 H君の手描き地図の範囲

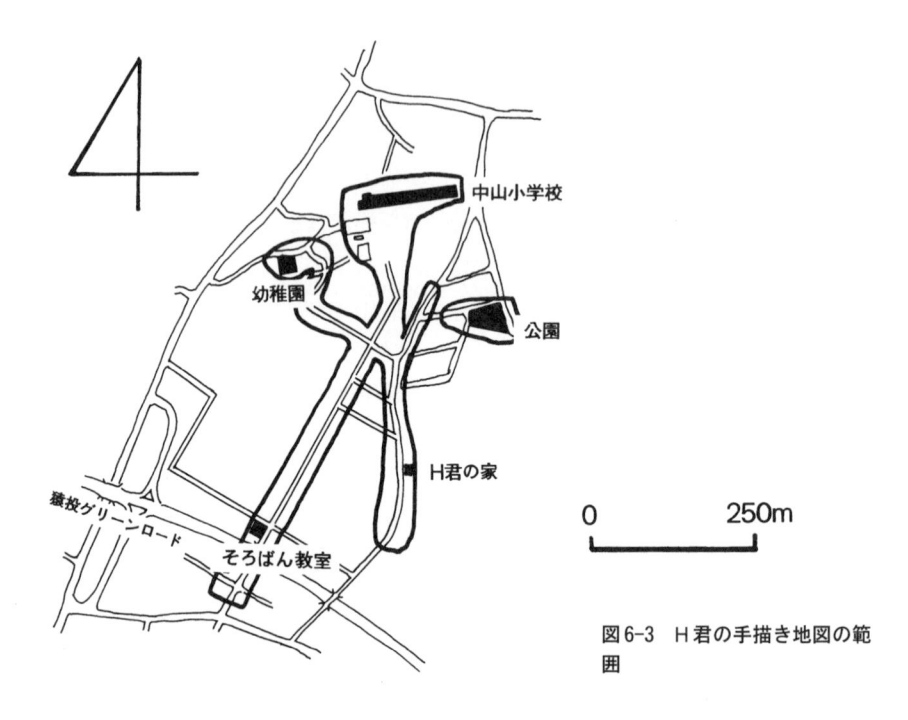

でしか描かれておらず，学校とそろばん塾を結ぶ道はわずかに南側まで描かれているものの，情報量は少ない．H君への聞取り調査の結果，猿投グリーンロードの南側にいくつか遊び場は知っており，友人も住んでいるものの，遊びに行くことは少ないことがわかった．猿投グリーンロードを渡るとき歩行者用の陸橋があり，横断に困難はないように思えるものの，渡る行為が心理的障壁となり，児童の活動範囲に一種の制約として作用しているのではないだろうか．

(3) 景観写真に投影された知覚環境

写された景観とそのイメージ

全体的に，近景の写真が圧倒的に多い結果となった．自宅のごく近くの公園

や道端,空き地,友だちの家,樹木,近所のペット,自分の家屋等が主な撮影の対象となっている.小学3年生の発達段階と,カメラを持参して撮影するという行為そのものの制約が働いたのかもしれない.

表6-4に示すように各児童に児童自身が写した写真と照合しながら,写真に写っている場所やものに対する好悪と撮影理由,および地名・呼び名の3点について簡単なアンケート調査を行った.その結果,「好き」と答えた景観については,その理由として,遊び場だから,とか自然が美しいから,かわいい犬・猫がいるから,とか言った回答が多く寄せられた.代表例をいくつか紹介しよう.

写真6-1は,O君の秘密の道である.本地域は,丘陵部の雑木林や草地(荒れ地)が多く,至る所に踏み分け道のようなルートが形成されている.当地の子どもたちは,こうした小道を遊び行動の経路として活用しているのであろう.

写真6-2は,近所の自動販売機を写した例である.好きな時間に手軽に冷たい飲料水が飲める販売機は,「好きな場所」のひとつとして明確に位置づけられている.

写真6-3は,美しい花の咲く場所の例である.道端の草花は,アングルが低い子どもの場合,視野に容易に入ってくる地物に違いない.このほか,写真6-4は,その家に優しい人がいるから好きであるとか,好きでもない印象が残っている水道塔(写真6-5),遊び場としての幼稚園などが,比較的好まれている例として挙げられよう.

一方,嫌いと回答した事例の写真6-6は,不気味な空き家を写したものである.暗さと周囲の植生のかもし出す雰囲気にこわさを感じるのだろう.このほかにも,近所の飼い犬がほえているから嫌いであるとか,ごみ捨て場,うんこのおちている道端や草原,暗い林,蛇の出る場所,石が多くて遊びにくい広場,水たまり,騒音がうるさい工場,死体が浮かんでいる池,等が写真に付けられたコメントの中から抽出された.しかし,31名の児童が写した全写真中,嫌いな景観を写した例はおよそ全体の4分の1(合計85)であり,好きな景観写

表6-4 児童に配付した写真に関するコメント記入例

中山小学校 3年 なまえ（　　　　　　　）（男・⑨）（9歳）
住所 藤岡町 西中山

No	すき・きらい　どちらでもない	どうしてこの写真をうつしたのですか？	地名・もの呼び名
例	すき・きらい　どちらでもない	いつも、このこうえんで、たろう君とあそんでいるから	中山こうえん
1	ⓢき・きらい　どちらでもない	お友だちといっしょにボールをあてるから	
2	ⓢき・きらい　どちらでもない	家の前のかわいい犬	ゴウちゃん
3	ⓢき・きらい　どちらでもない	自分の家の犬	ふくちゃん
4	ⓢき・きらい　どちらでもない	いつもあそぶときにあつまるところ	寺前
5	すき・きらい　ⓓちらでもない	ボロイ家	
6	すき・きらい　ⓓちらでもない	どじょうをとる場所	どじょうとり
7	すき・ⓚらい　どちらでもない	うしがえるのいる戸所	
8	ⓢき・きらい　どちらでもない	なつのころは、おすもうをする	
9	ⓢき・きらい　どちらでもない	100円でうってる。	100円うりば
10	すき・ⓚらい　どちらでもない	しっこがながれてるどぶ	
11	すき・ⓚらい　どちらでもない	こわいとなりの犬	レオン
12	ⓢき・きらい　どちらでもない	たいこかとかであそぶ	寺
13	すき・ⓚらい　どちらでもない	くっつき虫がつく	
14	ⓢき・きらい　どちらでもない	100円のじどうはんばいきの近道	
15	ⓢき・きらい　どちらでもない	けりかきゅうをする場所	田んぼ

第 6 章　写真に示される子どものまなざし　　81

写真 6-1　O 君が通る「ひみつの道」

写真 6-2　自動販売機を写した N 子の写真
　N 子のコメントには「100 円で売っているからすき」と記入してある．手描き地図にも同様の記入あり．

写真 6-3　近所の道端の花を写した H 子の写真

写真 6-4　「やさしい人がいるから，すき」と回答した H 子の写した写真

写真 6-5　「タンクをいつも見るし，べつに楽しくないから，好きでも嫌いでもない」と回答した R 君の写した写真

写真6-6 「こわい家．だれもすんでいないから，嫌い．」と回答したG君の写した写真

写真6-7 馬小屋を友人や調査者に紹介するH君
1994年7月寺本撮影

真に比べれば，かなり少ない．このことは，嫌いな場所を写すという行為に心理的抵抗があったのかもしれない．あるいは，子どもの環境知覚の作用そのものが，好きな対象を強く志向する傾向にあるのかもしれない．

H君の写した写真

インタビューの際，写真に写っていた古い馬小屋（かつてグリーン牧場と呼ばれる施設があった）を紹介してくれた（写真6-7）．この小屋の中でいろいろな遊びを仲間と共に行うらしい．小屋の中にはまだ，干し草も残されており，その草の上に寝ころんだり，飛び降りたり，宝物を隠したりすると言う．小屋の周囲にもガラクタ置き場や廃車になったトラックが捨てられていて，自宅近くの遊び場としては格好の遊びの材料を提供してくれる空間となっている．

また大好きな近所の犬や近隣の緑化センター（県の施設）の広大な緑地の存在も撮影されており，自然条件に恵まれた彼の知覚環境が浮かび上がってくる．

手描き地図と写真投影法を併用した今回の試みは，詳細な照合は行っていないものの，かなりの相互の関連がみられる．写真のメリットはなんと言っても

その情報量の多さにある．被写体のモノや空間の姿，写されたアングルと距離，そして写した理由や好嫌度が伝わってくる．簡便な使い切りカメラであるが，それでも 15 枚すべてを撮り終えられなかった例が数例あった．中には撮影する時間がなく，夜間に思い出して数枚撮った例もみられた．このことは，子どもの知覚環境が予想以上に貧困である一面も物語っている．

　また，何気ない道路上や草地，路上の地蔵尊，自動販売機等を写した事例も多く，低いアングルから形成されている知覚環境の要素を垣間みることができる．遠景の写真は数例しかなかったが，美しい景色を見つめる眼も有していることがわかった．子どもの場合，好きな人やモノがその空間に存在すると，たとえそれらが一時的になくても，その場所を好きな感情で眺めてしまうという特性が大人以上に強いように思われる．その意味で，空間事体が体験的にとらえられているとも言えよう．

　絵画や手描き地図に比べ，描き手本人の意志や感情がストレートには表示されにくい反面，写真には，環境知覚の視覚的意味合いが表されるメリットがある．どのような具体的な場所が印象深いのか，カメラ（写真）は様々なことを語ってくれるに違いない．

（寺本　潔・大西宏治）

第7章　広い地域のメンタルマップ

　本章では，子どもにとっては広い県という空間スケールはどのように認識されているかについて，愛知県を事例に述べてみたい．子どもの生活行動が直接関係するとは限らない県スケールの空間は著しく学校教育や日常生活におけるメディア，さらに大人との会話などの影響を受けると予想できる．子どもの地理的空間認識の形成，並びにその発達過程を解明しようとする研究は，これまで数々の蓄積がなされてきた．しかしながら，その多くは子どもが直接認識できる身近な空間と，間接的に認識する外国などの空間とに地域スケールが分離したものであった．

　その両方の地域スケールを含むと考えられる，単一の「県」という空間を用いて，貴重な先行研究がある．茨城県における児童の空間認識の形成を考察した松村（1992）の研究である．本章では，松村の茨城県での研究を参考にし，愛知県における場合を考察する．

(1) 研究の対象と方法

　社会科を学習する第3学年から第6学年までの児童を対象とし，アンケートを行い，その結果を分析，考察する方法をとる．研究対象は，名古屋市を挟ん

第7章 広い地域のメンタルマップ　　85

西尾市立西尾小学校　学年____年　名前_____（男・女）

○いつから西尾市にすんでいるのかな？
　① 生まれてからずっと　② ひっこしてきた
　②⇒____才のとき（愛知県内・そのほかの都道府県・わからない）から。

	市・町・村の名前	知っているかな？	どうして知っているのかな？
①	渥美町（あつみちょう）	はい・いいえ	
②	安城市（あんじょうし）	はい・いいえ	
③	一宮市（いちのみやし）	はい・いいえ	
④	稲沢市（いなざわし）	はい・いいえ	
⑤	犬山市（いぬやまし）	はい・いいえ	
⑥	岡崎市（おかざきし）	はい・いいえ	
⑦	春日井市（かすがいし）	はい・いいえ	
⑧	蒲郡市（がまごおりし）	はい・いいえ	
⑨	小牧市（こまきし）	はい・いいえ	
⑩	設楽町（したらちょう）	はい・いいえ	
⑪	七宝町（しっぽうちょう）	はい・いいえ	
⑫	瀬戸市（せとし）	はい・いいえ	
⑬	立田村（たつたむら）	はい・いいえ	
⑭	津島市（つしまし）	はい・いいえ	
⑮	豊田市（とよたし）	はい・いいえ	
⑯	豊橋市（とよはしし）	はい・いいえ	
⑰	長久手町（ながくてちょう）	はい・いいえ	
⑱	名古屋市（なごやし）	はい・いいえ	
⑲	南知多町（みなみちたちょう）	はい・いいえ	
⑳	美浜町（みはまちょう）	はい・いいえ	

※「どうして知っているのかな？」について

たとえば「しずおか」のばあい・・・
　△ はまなこがあるから。
　△ りょこうで行ったことがあるから。
　△ お茶でゆうめいだから。
　△ おばあちゃんがすんでいるから。
　△ ゆうえんちにあそびに行ったことがあるから。
　△ 東京に行くとき，通ったことがあるから。
　△ てんりゅう川があるから。
　△ 愛知県のとなりにあるから。　　　　　　など

☆それぞれ1つずつ書きましょう！
☆できるだけくわしく書きましょう！

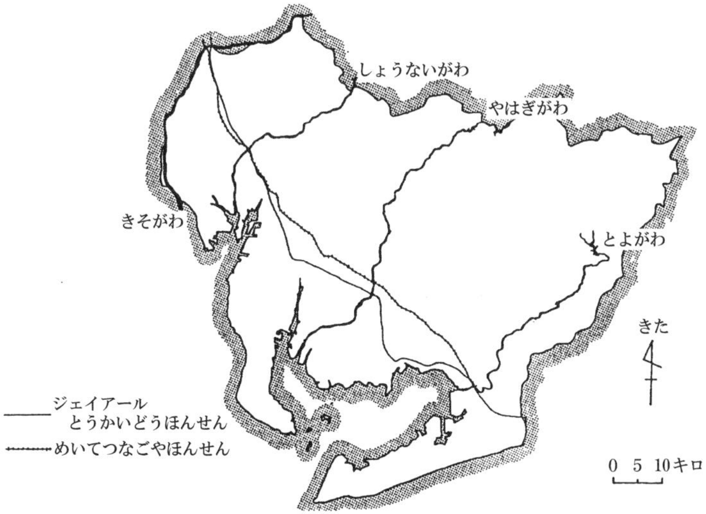

図7-1　調査に使用したアンケート用紙（西尾市立西尾小学校使用）
　　　　上：名称確認・認識確認　　下：位置確認

だ尾張地方，三河地方それぞれから1つずつ選出した小学校の児童とすることにした．商業，サービス業をはじめとした多くの都市的要素を含む名古屋市の存在は，児童の行動に影響を及ぼし，県内空間認識に少なからず影響を与えるものと推測される．その影響を考察するために，名古屋市を挟んだ地域を対象地とした．小学校はそれぞれ，尾張地方より津島市立東小学校，三河地方より西尾市立西尾小学校を選定した．

アンケートの質問項目は，名称認識とその認識内容，位置認識に関するものの3つを用意した（図7-1）．アンケートの指標として，地理的位置や地域的特色などを基準にし，津島市，西尾市をそれぞれ含めて，21市町村を選定した．

名称認識に関しては，指標として選んだ，自分の居住する市を除く20市町村の名称を知っているかどうかを問い，回答を求めた．次に，名称を知っていると回答した市町村に関して，その認識内容を具体的に記述してもらった．さらに，愛知県の白地図上に，名称を知っている市町村および自分の居住する市の位置を，円形のシールによって示してもらい，その中心点により位置認識を確認した．白地図には，ランドマークとして愛知県の主要な河川である木曽川，庄内川，矢作川，豊川の4河川と，児童が利用するものと考えられるJR東海道本線，名鉄名古屋本線を載せた．

児童に対するアンケート調査は，2002年5月に津島市立東小学校及び西尾市立西尾小学校にて実施した．調査時間は約40分であり，回答児童数は各学年の2学級ずつで，表7-1のようになった．

表7-1 アンケート調査実施人数（人）

	第3学年	第4学年	第5学年	第6学年	合　計
津島市立東小学校	68	68	56	68	260
西尾市立西尾小学校	73	74	64	77	288
合　　計	141	142	120	145	548

名称認識

　ここでは，児童の名称認識について考察する．なお，児童が名称認識を知っているとする基準は，図7-1のアンケートにおいて，「知っているかな？」の欄の「はい」に印をつけ，さらに「どうして知っているのかな？」（認識内容）の欄に記述がみられるものとした．

　また，認識内容の回答の違いにより，具体的回答のみと，抽象的回答および誤答を含む場合の2つに区分して考察を進める．抽象的回答とは，例えば「聞いたことがある」「行ったことがある」のみの回答で，どこからその市町村の情報を得たのか，またどこへ，どんな目的でその市町村へ行ったのかわからない場合などを指す．誤答とは，市町村に明らかに存在しないものや，関係のない事柄を記述してある場合をいう．

　図7-2は，津島市立東小学校の児童による，津島市を除く指標の20市町村について，認識している児童の比率（以下名称認識率と呼ぶ）を全学年および学年別に示したものである．市町村の名称は，全学年における名称認識率が高い順に並んでいる．まず，具体的回答のみの場合における全学年合計割合をみると，名古屋市の名称認識率が突出して高くなっていることがわかる．この高い名称認識率を支える大きな要因として，先にも触れたように，商業やサービス業，レジャー施設，観光施設といった名古屋市の持つ様々な都市的要素が挙げられる．

　名古屋市を除く市町村においては，名称認識率の高低により，3つのグループに区分できる．第1のグループは，名称認識率が50%前後と比較的高い5市町村で，そのほとんどが近隣市町村である．このことから，児童の空間認識に影響を与える一つの要因として，「距離」が挙げられると考えられる．

　犬山市については，津島市の近隣に位置しているとはいえないが，犬山市の有する「日本モンキーパーク」などの観光施設に，学校行事において訪れているために高くなったと考えられる．名称認識率が20〜30%である第2のグループの8市町は，県下でも比較的名の知れた市町が並び，社会科の授業など

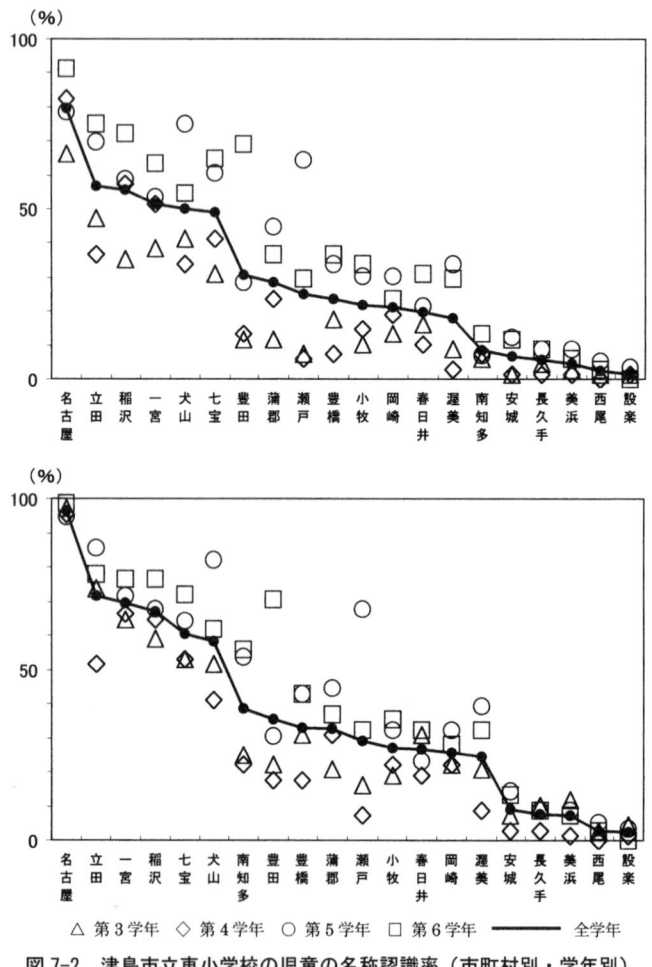

△ 第3学年　◇ 第4学年　○ 第5学年　□ 第6学年　─── 全学年

図7-2　津島市立東小学校の児童の名称認識率（市町村別・学年別）
上：具体的回答　　下：抽象的回答・誤答を含む

でそれらの情報を得やすい市町といえるが，津島市から遠くに位置している市町が多い．その結果が第2グループの高いとはいえない名称認識率につながったものと考えられる．

第3のグループの6市町は名称認識率がきわめて低い．そのうち，南知多町に関しては，誤答が多かったために低い名称認識率となっており，他の5市町と事情が異なる．それら5市町は，第2グループの市町とは違い，際立った特色がみられない市町が多い．また，津島市から離れて位置しているために，児童の生活と関わりが持ちにくい市町ともいえる．これらの要因が重なった結果，極めて低い名称認識率にとどまることになったと考えられる．

　続いて，学年別名称認識をみる．すべての市町村で，第5，第6学年のいずれかが最も高い名称認識率となっている．南知多町以下の第3グループの市町に関しては，学年間の差はほとんどない．

　ところで，県内空間が社会科の学習領域として扱われるのは，第4学年である．このことから，各市町村において，第4学年の名称認識率が高くなることが予想されるが，実際にはそのような結果となっていない．これは，アンケートを実施した時期が大きな原因として挙げられる．アンケートを実施したのが5月であったため，その学年の学習内容が深まっているとは考えがたい．つまり，前学年の学習内容が児童のなかに色濃く残っており，その結果，第4学年ではなく，第5学年以降において名称認識率が高くなったと推測される．

　抽象的回答・誤答を含む場合の全学年合計の割合をみると，それぞれの市町村の名称認識率は当然のことながら高くなる．特に南知多町の回答は大幅に増加しているが，先にも述べたように，回答のほとんどが誤答であったためである．

　名古屋市は，全学年ともに90%を超える名称認識率を示している．また，具体的回答のみの場合にみられた，3つのグループも依然として存在し，グループ間の差も広がり，より明確な階層ができあがっている．南知多町が第3グループから第2グループに移った以外は，それぞれのグループを構成している市町村に変化はみられないが，グループ内での順位の変動はみられる．

　学年別でみると，第3学年の名称認識率の上昇が目立っている．アンケート実施前に，認識内容に関して，例を出すなどして具体的に詳しく回答をするよ

うに指示したが，十分に理解されていなかったことがこの結果から読み取れる．学年が上がるほど，抽象的回答・誤答による回答の割合は低くなることから，理解力の発達を反映した結果ともいえる．

　一方，図7-3は，西尾市立西尾小学校の児童の市町村別，学年別名称認識率を表したものである．西尾市の児童の場合においても，名古屋市が最も高い名称認識率となっている．西尾市は名古屋市からやや離れた場所に位置している．にもかかわらず，近隣に位置する津島市の児童と変わらない，これだけの高い名称認識率があるということは，名古屋市の持つ中心性がどれだけ強いかを示す結果であるといえよう．

　津島市の児童の名称認識率では，名古屋市が突出して高く，第2位の立田村との間にはかなりの開きがあった．一方，西尾市の児童の場合，第1位の名古屋市と第2位の安城市，第3位の岡崎市までの名称認識率の差はほとんどない．安城市，岡崎市は西尾市と隣接しており，両市は，津島市に隣接する立田村，七宝町に比べると，都市規模に大きな違いがある．安城市，岡崎市は，名古屋市には及ばないものの，都市的諸要素が充実しており，児童の行動に大きな影響を与えていると考えて間違いない．隣接しているという距離的要因と，比較的大きな都市である両市が持つ中心性という要因とが重なり合ったことが，名古屋市に匹敵する高い名称認識率につながったものと推測される．

　津島市の児童の場合にみられた階層的グループが，西尾市の児童の場合には，名称認識率の高い上位3市と，きわめて低い長久手町以下の4町村においてはみられるものの，他の市町では認められない．

　しかしながら，津島市の児童の場合と概ね同様の理由で名称認識率の高低が決まっているといえる．つまり，名称認識率の比較的高い市町は，近隣に位置している場合が多い．豊橋市から津島市までの市町は，位置的に近距離にあるとはいえないが，認識内容の理由において，「社会科の授業」という回答が多いことから，その多くが，学習で取り扱われていることが理解される．美浜町については，第5学年において学校行事で訪れるため，第5，第6学年の名称認

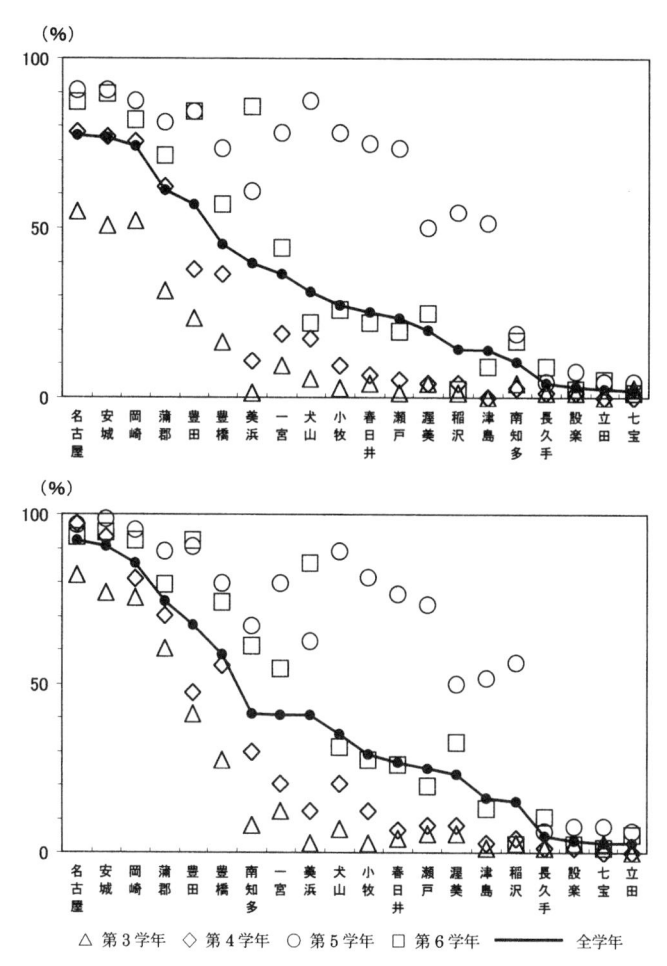

図 7-3 西尾市立西尾小学校の児童の名称認識率（市町村別・学年別）
上：具体的回答　　下：抽象的回答・誤答を含む

識率が高く，この結果につながっている．これは，津島市の児童でいう犬山市と同じ理由である．南知多町は，誤答が多いために低い名称認識率でとどまっており，下位の4町村は，児童の生活とほとんど関わりを持ち得ず，立田村を

除けば際立った特色が少なく，小学校の社会科では扱われにくい市町といえる．立田村については，低湿地帯，輪中地帯などを中心に，取り扱っている教科書も存在するが，西尾小学校においては，立田村に関する学習がなされていないことが，教師からの聞き取りによって確認されている．

　続いて，学年別に名称認識率を検討すると，ほとんどの市町村において，第5学年の名称認識率が最も高くなっていることがわかる．それらの市町村の多くは，認識内容において，「社会科の授業」という回答がきわめて多くみられる．そのように回答する児童の多くが第5学年であることから，調査時期などを考慮すると，第4学年の社会科の授業が強く影響を及ぼしていると推測される．

　ここで，西尾小学校の第4学年における社会科の授業について触れたい．県内空間の学習を行う際，西尾小学校では教材として，西尾市教育委員会が発行している社会科副読本『にしお』を使用する．この副読本では，愛知県内の主要な市町村が取り上げられており，今回の調査で指標とした市町村の多くも扱われている．地図や写真，絵なども多用され，児童の学習意欲が高まるよう，内容に様々な工夫が施されている．この副読本を使っていることが，名称認識などを高める結果につながっていると考えられる．また，昨年度の第4学年における社会科の指導は，すべての学級を専科の教師が受け持っていた．県内空間の学習の重要性を意識して，社会科の授業に取り組んでいたということが，社会専科の教師の話から明らかになっている．その努力も重なったことで，今回のようなきわめて高い第5学年の名称認識率に結びついたと考えられる．

　抽象的回答・誤答を含めた結果では，津島市の児童と同様，全体的に名称認識率は上昇するが，下位市町村ではほとんど変化がない．一部の市町で順位が入れ替わっていること，南知多町が大幅に順位を上げていることも，津島市の児童の場合でもみられたことである．

　学年別にみた場合，第3学年の名称認識率の上昇が最も大きく，次いで第6学年となる．第6学年の抽象的回答では，「聞いたことがある」という回答の割合が高い．認識内容において，「社会科の授業」との回答が多い市町村に，「聞

いたことがある」という回答の多さが目立っている．このことから，第4学年時に学習したが，しっかりと市町村の名称が定着せず，どこかで聞いたことがある，といった程度の認識に抑えられ，第6学年においてこのようなあいまいな回答を増やす結果となったと推測される．

(2) 県内市町村の認識内容

ここでは，児童が回答した各市町村に関する認識内容について検討する．まず，津島市立東小学校の児童の認識内容をみたい．表7-2は，津島市立東小学校の児童の各市町村に関する認識内容について，多かった回答（10%以上）をまとめたものである．市町村は，抽象的回答を除く（誤答を含む）記入件数が多い順に並んでいる．なお，「商業・サービス業」についてであるが，これは例えば，「買い物に行ったことがある」という回答や，「○○に行ったことがある」といった実際の店名を記入している回答を指す．しかし，記入件数のうち，特定の店名や施設名が10%を超える際には，名称をそのまま示している．

名称認識率が最も高かった名古屋市に関する認識内容は，「商業・サービス業」に関する回答が3割にも及ぶ．愛知県下ではもちろん，全国でも有数の大都市である名古屋市には，当然のことながら，商業・サービス業の高い集積がみられる．名古屋市と近接している津島市は，名古屋市の商圏に含まれていると考えるのが自然であり，交通機関も充実しているため，児童が実際に名古屋市へ行くことも容易である．そういったことから，この認識内容が多くなることは当然の結果といえる．

稲沢市，一宮市，七宝町においても，「商業・サービス業」の認識内容が多くみられる．これらはいずれも，津島市の近くに立地しており，児童の行動圏に組み込まれている市町であると考えられる．言い換えれば，児童が自分の行動により，市町村に対して認識を深めているといえ，これらの近隣市町については，児童が直接認識している空間といえる．また，津島市に隣接している立田

表 7-2 津島市立東小学校の児童の認識内容（市町村別 10% 以上）

市町村	記入件数	第1位	第2位	第3位	第4位
名古屋市	207	商業・サービス業 (30)	親戚・友人・知人 (20)		
立田村	152	親戚・友人・知人 (14)	社会科の授業 (13)	先生の出身地 (12)	レンコン (11)
稲沢市	145	アピタ (45)	商業・サービス業 (19)	親戚・友人・知人 (11)	
一宮市	134	商業・サービス業 (30)	交通 (20)	親戚・友人・知人 (16)	テレビ・ラジオ (13)
犬山市	130	日本モンキーパーク (38)	リトルワールド (12)		
七宝町	127	交通 (33)	商業・サービス業 (16)	親戚・友人・知人 (11)	七宝焼き (10)
南知多町	90	南知多ビーチランド (76)			
豊田市	80	自動車 (30)	社会科の授業 (23)	テレビ・ラジオ (14)	
蒲郡市	74	テレビ・ラジオ (46)	蒲郡競艇 (18)		
瀬戸市	67	せともの (37)	社会科の授業 (31)		
豊橋市	61	交通 (26)	テレビ・ラジオ (21)	親戚・友人・知人 (16)	
小牧市	57	親戚・友人・知人 (30)	交通 (28)		
岡崎市	55	テレビ・ラジオ (38)	社会科の授業 (18)	交通 (11)	
春日井市	51	親戚・友人・知人 (33)	テレビ・ラジオ (22)	交通 (18)	
渥美町	47	社会科の授業 (53)	渥美半島 (15)	テレビ・ラジオ (13)	
安城市	17	テレビ・ラジオ (35)	親戚・友人・知人 (24)	デンパーク (11)	
長久手町	15	テレビ・ラジオ (40)	長久手住まいの公園 (13)		
美浜町	12	海・海岸 (33)	テレビ・ラジオ (25)		
西尾市	6	テレビ・ラジオ (67)	親戚・友人・知人 (33)		
設楽町	4	親戚・友人・知人 キャンプ (50)			

記入件数は実数．
確認認識内容の（　）内の数値は，記入件数に対する比率を表す．

村に関しては,「習い事」といった児童の行動圏に入っていることを表す回答も少なからずあり,直接認識している空間ともいえるが,「社会科の授業」といった,間接的に認識されている内容を表すものも多く,一概に他の近隣市町と認識の仕方が同じであるとはいえない.

南知多町に関する認識内容は,「南知多ビーチランド」が突出して高くなっている.しかしこれは,先ほどから触れている通り,誤答である.「南知多ビーチランド」は,南知多町ではなく,指標ともなっている美浜町に実際は立地している.「南知多ビーチランド」の「南知多」とは,町名を表すものではなく,知多半島の南部にあるという位置的なことから名づけられたと考えられる.児童はその「南知多」という部分から連想し,南知多町の認識内容として回答したのであろう.これは,西尾市の児童の場合も同じである.

豊田市以下の13市町では,瀬戸市,小牧市,設楽町を除くと「テレビ・ラジオ」という認識内容が上位にあることがわかる.また,4市町で「社会科の授業」という認識内容が多くみられ,「商業・サービス業」という認識内容はどの市町でも上位には挙げられていない.これらの市町は津島市の近くに位置しているとはいえず,児童の生活と関わりが薄い市町といえる.そのために,近隣市町村のように,児童の行動により直接認識されるのではなく,テレビやラジオ,授業といった媒体を通して間接的に認識される場合が多いといえる.

「親戚・友人・知人」に関しては,20市町村中11市町村で認識内容の上位にある.津島市からの距離に関係なくみられ,児童が名称認識する際の重要な指標となっていることがわかる.

一方,西尾市の児童の各市町村に関する認識内容をまとめたものが表7-3である.名古屋市に関する認識内容は,津島市の児童と同じく,「商業・サービス業」が最も多い回答であった.この結果から,名古屋市の商圏が,名古屋市からやや距離のある三河地方にも及んでいることが理解される.

次につづく,安城市,岡崎市に関する認識内容においても,「商業・サービス業」に関する回答が多く,「習い事」といった児童の行動圏を表す回答も少なく

表7-3 西尾市立西尾小学校の児童の認識内容（市町村別10%以上）

市町村	記入件数	第1位	第2位	第3位	第4位
名古屋市	223	商業・サービス業 (22)	親戚・友人・知人 (16)	ナゴヤドーム (15)	
安城市	221	安城コロナワールド (26)	商業・サービス業 (22)	親戚・友人・知人 (17)	交通 (10)
岡崎市	213	岡崎イオン (23)	親戚・友人・知人 (21)	商業・サービス業 (15)	
蒲郡市	176	ラグーナ蒲郡 (15)	親戚・友人・知人 (13)	テレビ・ラジオ (11)	社会科の授業 (10)
豊田市	164	社会見学 (25)	社会科の授業 (13)	自動車 (11)	
豊橋市	130	社会科の授業 (21)	交通 (17)	親戚・友人・知人 (14)	
美浜町	114	自然学習 (25)			
一宮市	105	社会科の授業 (39)	テレビ・ラジオ (23)	一宮競輪 (11)	
南知多町	103	南知多ビーチランド (71)			
犬山市	90	日本モンキーパーク (40)	社会科の授業 (27)		
小牧市	79	社会科の授業 (54)	交通 (16)	テレビ・ラジオ (14)	
春日井市	73	社会科の授業 (59)	テレビ・ラジオ (21)		
瀬戸市	67	社会科の授業 (58)	せともの (10)		
渥美町	57	社会科の授業 (46)	テレビ・ラジオ (23)	渥美半島 (11)	
稲沢市	41	社会科の授業 (76)	親戚・友人・知人 (12)		
津島市	40	社会科の授業 (75)			
長久手町	12	テレビ・ラジオ (67)	愛知青少年公園 (17)		
設楽町	9	テレビ・ラジオ (56)	キャンプ (33)	交通 (11)	
立田村	7	テレビ・ラジオ (43)	親戚・友人・知人 (29)	社会科の授業 交通 (14)	
七宝町	6	テレビ・ラジオ 七宝みそ (33)	親戚・友人・知人 交通 (17)		

記入件数は実数．
確認認識内容の（ ）内の数値は，記入件数に対する比率を表す．

ない．近接する市町に対して，このような認識内容が多いのは津島市の児童の場合と同じであり，両市は児童が直接認識している空間であるといえる．名古屋市に関しては，決して近接の市とは呼べない位置にありながら，両市と同様，直接認識している空間となっている．これは，先にも述べたように，名古屋市の持つ多大な中心性が，やや離れて位置する西尾市の児童の行動と認識にも影響を及ぼしている結果といえよう．

　蒲郡市に関しては，直接認識を表す内容も少なくないが，「テレビ・ラジオ」，「社会科の授業」といった間接的に認識されていることを表す内容も多い．これは，津島市の児童による，立田村の認識の仕方と同じであるといえる．西尾市の児童の場合では，20市町村中12市町において，「社会科の授業」という認識内容が上位に挙げられ，そのうちの8市町にいたっては，最も多い認識内容となっている．すでに述べているように，現在第5学年の児童の，第4学年時における学習効果だといえる．しかしながら，社会科の授業において学習した事物についての回答は，豊田市の「自動車」，瀬戸市の「せともの」，渥美町の位置を表している「渥美半島」以外ほとんどみあたらない．特に，春日井市，稲沢市，津島市に関する認識内容においては，社会科で扱われるであろう事物は皆無である．各市町村の名称は児童にしっかりと記憶されたものの，多くの市町村では，産業や特産品などの具体的な認識が根づくには至っていないことがこの結果から考えられる．名称認識を高めることはもちろん，各市町村の特徴を認識することも大切であることに間違いはない．この点は，県内空間を学習する際の重要な課題であるといえよう．

　西尾市の児童の場合でも，近隣市町以外の市町村の認識内容では，間接的に認識がなされていることを表した，「社会科の授業」や「テレビ・ラジオ」などの認識内容が多くなっている．また，「親戚・友人・知人」などの児童の人間関係に関する認識内容も，場所に関係なく多く挙げられており，これらのことは，津島市と同様の傾向であるといえる．

⑶ 県内市町村の位置認識

位置認識率

　ここでは，県内市町村に関する児童の位置認識について考察する．指標とする市町村は，名称認識，認識内容に用いた 20 市町村に，児童の居住する津島市，西尾市をそれぞれ加えた 21 市町村とする．児童は名称を認識している市町村に関して，図 7-1 の白地図上にその位置を円形のシールにて示した．記入件数に関しては，抽象的回答・誤答を含めた場合の名称認識数とほぼ一致する．

　まず，両校児童の位置認識率について検討する．位置認識率とは，市町村の名称を認識している児童数に対して，市町村の位置を概ね正確に白地図上に示した児童数の比率をいう．本研究において，位置を認識しているとする基準は，それぞれの市役所，町村役場を中心に引かれた円内に，シールの中心点が入っている場合とする．円の大きさは市町村の面積に応じ，およそ半径 10km，6km，4km の 3 段階とした．半径 10km の円は，岡崎市，設楽町，豊田市，豊橋市，名古屋市の 5 市町，4km の円は，七宝町，立田村，津島市，長久手町の 4 市町，その他の 12 市町は 6km の円を使用した．

　表 7-4 は，21 市町村それぞれの位置認識率を学校別，学年別に示したものである．名称認識率に比べて，位置認識率は全体的に低くなっていることがわかる．どの児童からも，正確な位置を認識されていない市町村もみられる．

　両校の位置認識率を比べると，津島市の児童に比べて，西尾市の児童の方が全体的に高くなっていることがわかる．自分が居住する市についても，大きな差がついている．

　両校の児童に共通していえることとして，第 3，第 4 学年では，半分以上の市町村において正確な位置が認識されていないことや，第 5 学年の位置認識率が学年中最高値となる市町村が多くなることなどが挙げられる．第 3，第 4 学年の位置認識率において，0% が多くなっているのは，社会科の学習が影響し

表 7-4 両校児童の位置認識率（％）

津島市立東小学校の児童					
市町村	第3学年	第4学年	第5学年	第6学年	合計
名古屋市	12.1	18.5	*69.8*	49.3	35.9
渥美町	0	0	*45.5*	18.2	21.9
立田村	6.0	5.7	*31.2*	24.5	17.7
稲沢市	5.0	11.3	*26.3*	17.3	14.9
小牧市	7.7	13.3	*27.7*	4.2	12.9
一宮市	4.5	6.7	*27.5*	13.5	12.7
津島市	2.9	5.9	16.1	*25.0*	12.3
豊橋市	0	16.7	*25.0*	6.9	11.6
豊田市	0	0	11.8	*16.7*	10.9
美浜町	0	0	*20.0*	*20.0*	10.5
七宝町	0	8.3	*11.1*	10.2	9.6
南知多町	0	0	*20.0*	7.9	9.0
春日井市	9.5	0	7.7	*13.6*	8.7
安城市	0	0	*12.5*	11.1	8.3
犬山市	2.9	0	*17.4*	7.1	7.9
岡崎市	0	0	11.1	*15.8*	7.5
瀬戸市	0	0	5.3	*10.0*	5.3
長久手町	0	0	0	*16.7*	5.0
蒲郡市	0	0	*12.0*	0	3.5
設楽町	0	0	0	0	0
西尾市	0	0	0	0	0

西尾市立西尾小学校の児童					
市町村	第3学年	第4学年	第5学年	第6学年	合計
犬山市	0	0	*63.2*	25.0	41.6
西尾市	16.4	25.7	*75.0*	44.2	39.2
名古屋市	10.0	19.4	*48.4*	36.1	28.6
岡崎市	5.5	16.7	*49.2*	35.2	27.5
豊橋市	0	12.2	*62.7*	10.5	25.4
美浜町	0	11.1	*40.0*	12.1	21.4
春日井市	0	0	*24.5*	10.0	18.1
渥美町	0	0	*21.9*	20.0	17.9
豊田市	10.0	2.9	*27.6*	18.3	17.0
蒲郡市	2.3	9.6	*38.6*	13.1	16.8
小牧市	0	*22.2*	21.1	4.8	16.7
一宮市	0	0	*29.4*	9.5	16.2
南知多町	0	13.6	*20.9*	12.8	15.3
安城市	7.1	13.0	*20.6*	17.8	14.9
瀬戸市	*25.0*	0	14.9	0	9.9
稲沢市	0	0	*11.1*	0	9.3
津島市	0	0	*12.1*	0	8.7
設楽町	0	0	0	0	0
七宝町	0	0	0	0	0
立田村	0	0	0	0	0
長久手町	0	0	0	0	0

斜体の数値は学年中の最高値

ていると推測される．位置認識を深めるためには，「地図」を用いて学習することが必要不可欠である．昨年度まで使用されていた学習指導要領では，第4学年から地図を用いた学習について記されている．そのことから，第3学年時に地図を使用した学習がなされていないと考えることが自然である．そのために，第3，第4学年においては，多くの市町村が位置を認識されておらず，第4，第

5学年間に大きな位置認識率の差が生じたものと考えられる．

　西尾市の児童の位置認識率が，全体的に高くなっているのは，名称認識率同様に，第5学年によって大きく支えられているといえる．昨年度の西尾小学校の第4学年においては，社会専科の教師が県内空間の学習指導にあたっていたことはすでに述べた．その教師により，市町村の位置に関しては，地図を活用し，認識を深めさせるように努力がなされたことが確認されている．

　各市町村における合計の位置認識率の高低は，名称認識率の際にみられた規則性がそのまま当てはまるとはいえない．たとえ近隣市町村であっても，位置認識率が低い市町村もみられ，逆に遠方にある市町村であっても，比較的高い位置認識率を示す市町村もみられる．この結果の背景には何があるのか，以降では各市町村の地理的位置の特徴などをふまえながら考察を進める．

居住する市の位置認識

　津島市の児童による津島市の位置認識率に比べ，西尾市の児童による西尾市の位置認識率の方が高いことは先に触れた．その差も小さくはない．全学年合計だけではなく，各学年ともに西尾市の児童の数値が高くなっている．

　この差を生じさせる要因の一つに，市域の広さ，つまり基準とした円の大きさが上げられる．津島市では半径4km，西尾市では6kmの円を使用しているため，当然西尾市の方が正確な位置認識として認められやすく，位置認識率が高くなりやすかったと推測される．

　しかし，これだけの要因で合計の位置認識率が25％以上，社会科の学習が始まって間もない第3学年の位置認識率が10％以上もの差になることは考えがたい．西尾市の位置認識率が高くなった最も大きな要因として，西尾市の地理的位置が挙げられる．西尾市内には矢作川が流れており，市の南西部は三河湾に面している．特に矢作川については，今回使用した白地図上にランドマークとして載せられている．一方の津島市に関しては，内陸部に位置しており，使用した白地図上にも，市内に流れる天王川などの児童のごく身近にあるラン

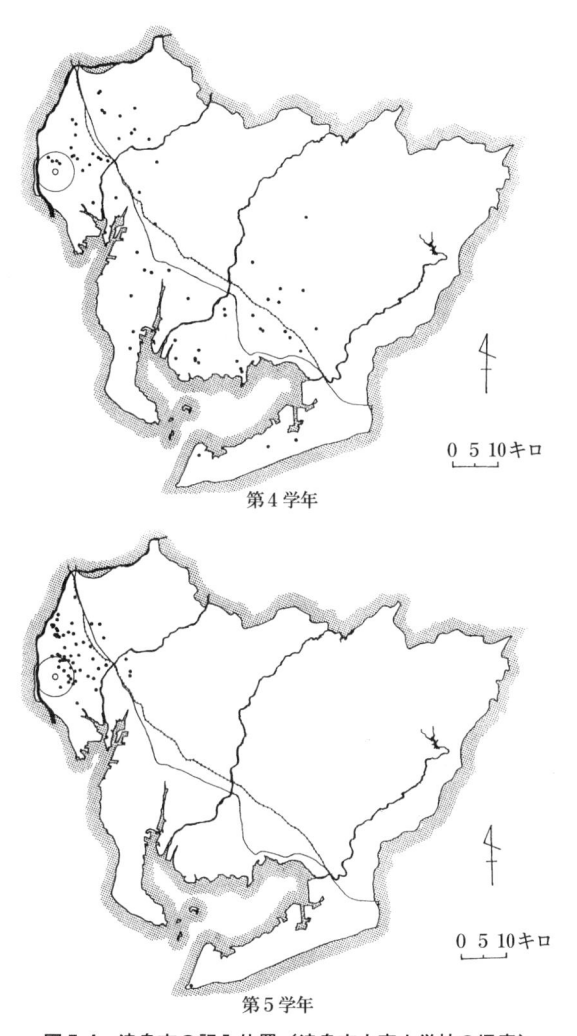

第 7 章　広い地域のメンタルマップ　　101

第 4 学年

0 5 10 キロ

第 5 学年

0 5 10 キロ

図 7-4　津島市の記入位置（津島市立東小学校の児童）

第4学年

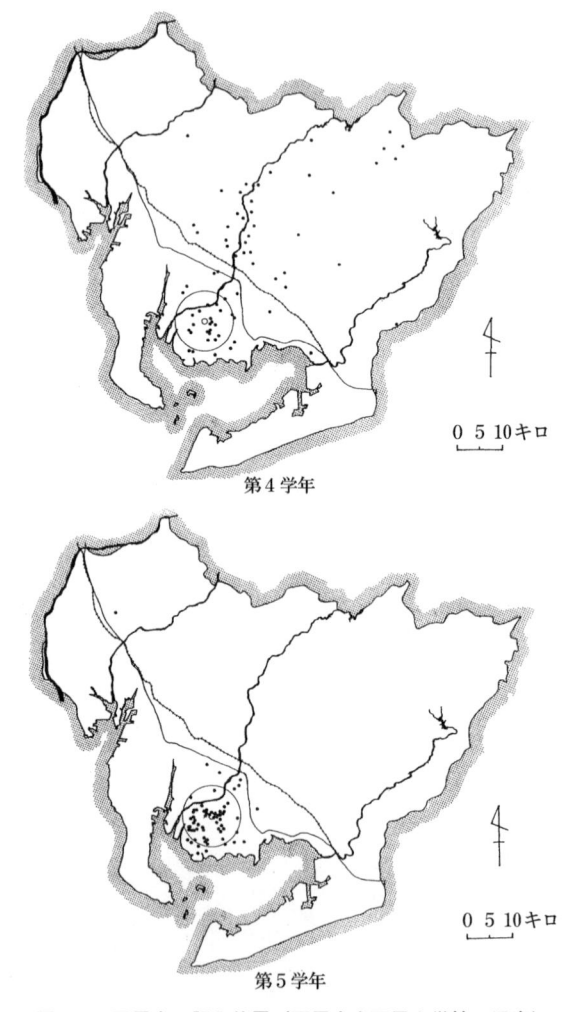

第5学年

図7-5 西尾市の記入位置（西尾市立西尾小学校の児童）

ドマークは載せられていない．

　川が流れている，鉄道が通っている，海に面しているといった地理的特色は，社会科を学習していなくても，児童の日常生活において十分に獲得できる情報である．その情報をもとに，ランドマークという地図表現を手がかりにし，位置を記入している児童が多くみられる．西尾小学校の第3，第4学年の位置認識率が高いことも以上のことから説明できる．

　図7-4は津島市，図7-5は西尾市の第4，第5学年の実際の記入位置を示したものである．第4学年においては，津島市の児童よりも西尾市の児童の方が実際の場所へ集積している．また，西尾市の児童の場合，先にも述べたように矢作川を基準にして位置認識している児童が多いことがわかる．これは第3学年も同様である．第5学年では両校の児童とも，実際の場所への集積が高いが，やはり西尾市の児童の方がまとまっている感が強い．

その他市町村の位置認識

　ここでは，津島市，西尾市を除くその他の市町村に関する位置認識を検討する．西尾市のように地図上のランドマークが，位置を記入する際に大きな役割を果たしているものが少なくない．たとえば，立田村，渥美町，南知多町，名古屋市，犬山市などである．西尾市と同様，川というランドマークが，児童の位置記入に影響を与えているのが立田村である．立田村においては，木曽川がランドマークとなっている．立田村の名称認識率が高かった津島市の児童は，木曽川沿いに位置を記入している児童が多い．特に，第5，第6学年においては顕著である（図7-6）．

　渥美町，南知多町に関しては，愛知県の特徴である，2つの半島を反映した結果となっている．両町はそれぞれ，渥美半島，知多半島に位置しており，半島の名称が町の名称として採用されている．そのため，両半島の名称を認識している場合，それを手がかりにすれば，およその位置を推測できると考えられる．位置認識率は特に高いとはいえないものの，第5，第6学年の記入位置を

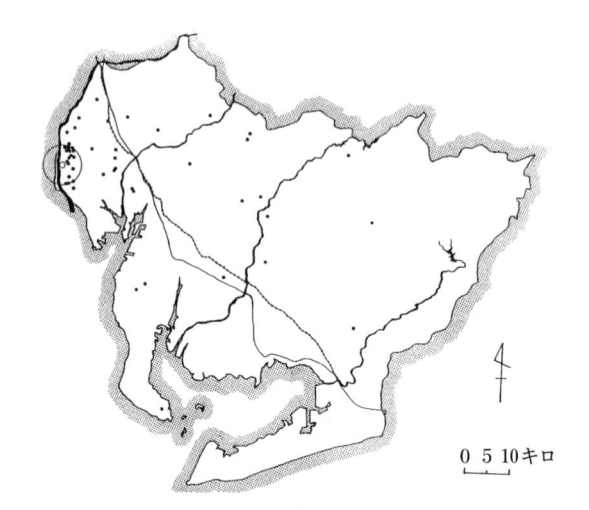

図7-6 立田村の記入位置（津島市立東小学校第5学年の児童）

みると，それぞれの半島に集積していることがわかる（図7-7）.
　両半島については，やはり県内空間を学習する際に扱われるものと考えられ，第3，第4学年においては，渥美町，南知多町をそれぞれの半島に位置を示す児童が少ないのはそのためである．
　名古屋市は両校の児童ともに比較的高い位置認識率を示している．これにはまず，市域の広さが一つの要因として挙げられる．さらに，記入位置から，2本の鉄道というランドマークが影響していることがうかがえる．特に，2本の鉄道の交差点に記入する児童が多い．この交差点は，「名古屋駅」にあたる場所である．名古屋市のもう一つのランドマークである庄内川については，その地図表現を手がかりにして位置記入している児童は少ない．これは庄内川が，鉄道のように児童にとって関わりの深いものではないためと考えられる．
　西尾市の児童においては，「社会科の授業」という認識内容が多くみられた市町村に関して，第5学年における位置認識率は，高低の差はあるものの，どの市町村でも高い数値がみられる．犬山市はそれらの市町村の中で，最も高い位

図7-7 南知多町の記入位置（西尾市立西尾小学校第5学年の児童）

置認識率となっている．犬山市は最も北部に位置しており，市域も北部に「角」のようなでっぱりがあり，特徴的な形となっている．犬山市の持つこのような位置的，形状的特徴はそれらを持たない市町村に比べて，学習した際，印象に残りやすく，位置認識を定着させやすい要因となるといえる．

　名称認識の場合，児童が直接認識している市町村のほうが，間接的に認識している市町村よりも名称認識率が高くなる傾向があった．一方，位置認識の場合はこの限りではない．

　市町村の位置を認識する際に，「地図」が必要不可欠なものであることはすでに述べた．地図をみる機会が多いのはやはり社会科を学習する際であろう．そのために，社会科の授業において扱われた場合は，近隣市町村の位置認識より遠方市町村の位置認識が優れた結果となる場合が生じると考えられる．

　以上のように，児童の各市町村に関する位置認識については，県の形状や川，鉄道などのランドマークが影響を与えることが明らかになった．そしてまた，社会科の授業，とりわけ地図学習が，児童の位置認識を深めるために，きわめ

て重要な役割を果たしていることが理解される結果となった．

　本研究においては，愛知県に居住する津島市と西尾市の児童を対象に，県内市町その名称認識，認識内容，位置認識に関して考察してきた．その結果，児童の県内空間認識の形成に及ぼす諸条件として，以下のようなことが明らかになった．

　市町村に関する名称認識は，津島市の児童においては，学年が上がるにつれて高くなるが，西尾市の児童においては，第5学年で最も高くなる．これは，第4学年時の学習が強く反映した結果であろう．

　市町村別にみると，両校の児童とも，基本的には近隣市町村の名称認識が高く，遠方の市町村では低くなる傾向があるが，学校行事で行った市町村や社会科の授業で扱われた市町村に関しては，位置に関係なく高くなる．県内で最も名称が認識されているのは，両校の児童とも名古屋市である．また，県北東部に位置する設楽町に関しては，きわめて低い名称認識であり，名称認識には著しい地域差があるといえる．

　認識内容に関しては，児童の生活と密接な関わりを持つ市町村においては，「商業・サービス業」をはじめとした，児童が直接認識していることを表す内容が多い．そうでない市町村においては，近隣市町村であっても，「社会科の授業」や「テレビ・ラジオ」などの，間接的に認識していることを表す内容が多くみられる．「親戚・友人・知人」といった，児童の身近な人間関係を表す認識内容は，近隣，遠方に関わらず，どの市町村にも多くみられる．

　位置認識に関しては，名称認識に比べて全体的に水準が低く，地理的ランドマークの有無や学習の内容が結果に影響を及ぼしていることなどが確認できる．

　本研究において特筆すべきことは，名古屋市という，県内空間に位置する一つの大都市の存在が，児童の県内空間認識の形成に大きな影響を与えていることである．これは，愛知県に居住する児童特有の結果だといえる．

　名古屋市の持つ都市的要素は，児童にとっても魅力的なものと考えてよく，その魅力こそが，遠方に居住する児童の認識でさえ高める結果につながったと

推測される．児童は名古屋市まで行けば十分に楽しむことができ，生活に必要なほとんどのものを手に入れることができる．その結果，両校の児童とも，名古屋市の向こう側，つまり，津島市にとっては県東部，西尾市の児童にとっては県西部へ行く必要が低くなるといえる．つまり，それらの場所は，名古屋市いう認識の山陰に隠れた「認識されにくい空間」といえる．名称認識や位置認識が低い市町村が，その空間の中に含まれている場合が多くなっている．県スケールの空間認識という興味深い話題に小学生の事例を用いたが，これらの傾向は一般人にとっても参考になる結果ではないだろうか．県というある意味で日常生活行動に密接に関連した空間でさえ，認識されにくい空間が存在することを改めて理解する必要をこの結果は示している．

（寺本　潔）

［追記］
　本章で扱った研究は，寺本の指導のもと作成された愛知教育大学学生 村瀬正成の卒業研究（論文題目：愛知県における児童の県内空間の形成）を下敷きに寺本が再構成したものである．

第Ⅲ部

島々への航海
――子どもが抱く様々な空間――

出典:『ムーミン谷の十一月』講談社，1980年，扉の図より抜粋

第8章　児童文学に描かれた子どもの地理

　子どもは成長する過程で，多くの物語と接している．それは親が読み聞かせる絵本から，大人向けに書かれた文学作品まで多種多様なものがあろう．そして子どもはその物語を読みながら，様々なことを想像し，物語の中に入り込んだりする．時には，その登場人物になりきって日常生活や探検を体験したりする．

　最近の子どもはテレビのアニメ番組やマンガ本の影響を受けていることの方が多いと思われるが，子どもにとってその登場人物の行動は，日常生活のささいなことの指針になるときもあれば，探検あるいは冒険を試みたいという欲求を駆り立てるものにもなりうる．それは成長に伴う子どもの行動範囲の拡張にも少なからず影響を与えているとも言えるだろう．

　こうした観点も含めつつ，児童文学の立場から，作品中の子どもたちが住む空間について述べたものがいくつかある．安藤美紀夫（1981）はジェイムズ・バリの『ピーター・パン』を取りあげ，そこに出てくる空間，すなわちネヴァーランドは時間と空間とが微妙に交差する場所であり，それは宮沢賢治によれば「著者の心象中」に「実在」した土地ということになると指摘している[1]．また，松田司郎（1981）は同じくネヴァーランドを「この世のどこにも実在しないが，私たちの心の中の地図にあるもうひとつの国」としている．そ

して，それは「人がそれぞれ心の中にもっている小さな世界の形象化」であるとし，その空間が作者の子どものころの「原風景」と重なり合うことを指摘している[2]．さらに，定松 正（1985）はマーク・トウェイン著の『トム・ソーヤーの冒険』を採りあげつつ，作者が自らの少年時代を過ごしたミズーリ州ハンニバルでの体験をもとにした作品であるため，作者の心情がトム・ソーヤーという児童像を通して露出されているとし，作品中の子どもの行動と，作者や作者が生きた現実の世界とを照らし合わせている[3]．

近年，都市論と呼ばれる分野が活気づいているが，文学的立場から奥野健男（1972）は，代表的な作家の「原風景」とその文学作品との対応を解説しながら，「"原風景"はその作家にとって文学の母胎であり，母なる大地である」と指摘している．また，「原風景」の形成時期について触れ，「"原風景"は，その作家の幼少年期と思春期とに形成されるように思われる．生まれてから7，8歳頃までの父母や家の中や遊び場や家族や友達などの環境によって無意識のうちに形成され，深層意識の中に固着する」と述べている．そして現代都市の中に幼年時代の追憶につながる「原風景」や「自己形成空間」の再現を試み，風景としての意味を失ってしまった現代の都市空間を，風景論へと展開させている[4]．前田 愛（1982）は「文学作品に描かれた都市とは何か」を言及し，いわば都市政策や都市社会学の理論の網からは洩れてしまうソフト・ウェアとしての都市，生きられた空間としての都市を，文学作品を通じて浮かび上がらせようとしている[5]．地理学的立場からは，杉浦芳夫（1992）が作家がとらえた東京という地理空間について，数々の文学作品の中から叙述を引用し，単にその叙述紹介にとどまるだけでなく，作品に描かれたのとほぼ同一の地域について研究された地理学論文と照らし合わせながら，東京という地理空間についてまとめあげている[6]．

しかし，児童文学と地理学という両者を組み合わせ，作品中の子どもたちが住む架空空間について，研究された事例は見当たらない．しかも，実際の空間ではなく作品中に描かれた空間や登場人物，特に子どもの行動を追うことによ

り得られる知覚空間を浮かび上がらせる研究は未だなされていない．

　そこで本章では,『ムーミン』を研究事例として，そこに描かれている架空空間と子どものメンタルマップの形成を読み取ることを目的としたい．研究方法として，作品に描かれた架空空間を地図化しつつ，作品の舞台となった土地の自然環境とも関連づけながら検討していきたい．

　また，架空空間に生きる子どもたちの遊び行動や探検行動を追うことにより，筆者なりに子どもたちの知覚空間の広がりとメンタルマップの形成をとらえることを試みたい．

　『ムーミン』についてはムーミンシリーズの中から第一作目の『ムーミン谷の彗星』と第二作目の『たのしいムーミン一家』を採りあげることにする．これらは主人公ムーミントロールがそれまで全く知らなかったムーミン谷について，しだいに知覚空間を広げていく過程が見られるためである．

　この作品を選んだ理由は，作者の「原風景」や作者を取りまく環境と作品との間に関連性がみられることや，作品に登場する子どもたちにメンタルマップの形成が伺われるためである．しかし，作品に描かれた空間はあくまで現実そのものではなく，作者が知覚し，イメージ化した空間であることは忘れてはならない．また，作品はいったん作者の手から離れると，作品として一人歩きを始め，読者側の読み方によって異なってくることも忘れてはならない．したがって，筆者がこれから読み取ろうとする空間は，筆者なりに作品を読み取った空間であり，他の読者が行えばまた違った空間が読み取られる可能性もあるだろう．

(1)　『ムーミン』とトーベ・ヤンソン

　『ムーミン』はフィンランド付近のフィヨルドの地形を生かしたムーミン谷で，ムーミントロールとその仲間の生活を描いた作品である．ムーミン自身「たんけん」が大好きで，よく森や山に出かけている．

第 8 章 児童文学に描かれた子どもの地理　113

　フィンランドは冷温地帯に属し，国土のほとんどが針葉樹林に覆われている南北に長い国で，その中でも首都ヘルシンキは最南端のフィンランド湾に面した北緯 60 度，東経 25 度に位置する．フィンランドの中でも，この辺りは温帯に属し，針葉樹林の他に落葉樹林もみられ，農耕地も開けている．

　作者トーベ・ヤンソンは 1914 年，フィンランドの首都ヘルシンキで生まれた．子どもの頃からなかなかの空想好きで，茶めっけもある少女だった．彫刻家として著名な父親をもつトーベ・ヤンソンは，しあわせな少女時代を過ごした．少女のトーベにとって，この父親は「冒険」を象徴する存在であり，最も愛するものの一人だった．トーベ・ヤンソンの子ども時代を描いた自伝的な小説『彫刻家の娘 7)』には，様々な事件や災難，そして家族の愛が描かれている．

　　ところがとつぜん水位があがった．でも，わたしたちがそのことに気づ
　　いたのは，夜になって風が吹きはじめてからのことだ．それから半時間後
　　に嵐になった．
　　　庭から吹きよせられた枯れ枝やがらくたが窓ガラスにぶちあたり，森は
　　うなり声をあげる．(中略) 見ると，ヘルステンのむこうまで，一面に真っ
　　白な波がただよっている．そればかりか，井戸のところまで海水がおしよ
　　せているではないか．(中略)
　　　みんな救いだせるものをすべて救いだしてしまうと，ママはコーヒーを
　　わかしにいく．(中略) パパは外へ出ていき，ママは全員のカップにコー
　　ヒーをそそぐ．あれはわたしたちが経験した最高にすてきな嵐だった．
　　　　　　　　　　　　　　　　　　　　　　（『彫刻家の娘』115 〜 118 頁）

　ムーミン谷にも，彗星・洪水・嵐・冬などの事件や災難が次々と起こり，ムーミンたちはさんざん苦労しながらも，最後には「なかなかたのしかったね」と言い合っている．ムーミンたちは事件や災難を「冒険」に変えてしまい，一緒に力を合わせて困難を乗り越えることによって，家族や友情の絆を一層深

めている．これはまさにヤンソンの少女時代の経験と重なってくる．
　また，ヤンソンは自分の住んでいた土地を以下のように書いている．

　　　子や孫や曾孫がこの地にみちるまえ，祖父は森と岩山にかこまれた細長
　　い緑の野にやってきた．パラダイスの谷を思わせるその野原は，子孫が水
　　あびできそうな入り江へとひらけている．　　　　　（『彫刻家の娘』8頁）

　このヤンソンが書いているパラダイスの谷こそ，ムーミンたちが住んでいるムーミン谷であり，ヤンソン自身が子ども時代に住んでいた場所が，この物語のモデルとなっている．大人になってからのヤンソンは1年の4カ月ほどを小さな小島（ぐるっと一周するのに8分しかかからない）で過ごしている．そこでの生活には内陸にいるときとは全く違った「冒険」が待ち構えている．ヤンソンは子ども時代の経験と，島での「冒険」とを重ね合わせながら作品の多くをこの島で書いているのかも知れない．
　また，ヤンソンの作品には，物語を書いている当時のヤンソンを取りまく環境が微妙に影響しているように思われる．ヤンソンの処女作は1945年に出版された『小さなトロールたちと大きな洪水』であるが，話の内容は，いろいろな小さな動物や虫たちが，大洪水に苦しめられることを集めたものである．ヤンソンがこういう話を書いたのは，第二次世界大戦で，小国フィンランドが受けなければならなかった悲惨な体験のせいではないかと推測されている．その次に書かれた『ムーミン谷の彗星』も突然地球を襲って来た彗星に，みながおびえて逃げまどう話である．ヤンソンの初期の作品には，そうした生命の不安に対するおびえがあったと言われている．その後『たのしいムーミン一家』から『ムーミン谷の11月』まで7冊が，ムーミンシリーズとして出版されているが，全体的に暖かな感じとなっている．これはフィンランドが戦後の苦しい時代をもりっぱに切り抜けて，経済的にも立ち直り，人々が自信をもって生きることができるようになったからだと推測されている．その間に，ヤンソンも成

長して，地位が安定してきたことも理由として挙げられる．

ヤンソンは『彫刻家の娘』を邦訳した冨原眞弓との対談の中で，「あの子ども時代なしには，ムーミントロールの物語を書くことはなかったでしょう」と語っている[8]．

このように，『ムーミン』も作者トーベ・ヤンソンの子ども時代の経験がベースとなって書かれており，ヤンソンを取りまく環境が，作品に影響を及ぼしているように思われる．

(2) 作品中の子どもが生きる世界

作品における架空空間

研究対象としたそれぞれの作品における景観描写，登場人物の行動および知覚空間に関する描写など，地理的要素を多分に含む空間描写を筆者が読み取り，作品中の架空空間を地図化し，しかもそれらを実際の地形やその他の環境条件とも関連づけながら，一つの地理空間をとらえてみた．

『ムーミン谷の彗星』および『たのしいムーミン一家』からムーミンたちの住んでいるムーミン谷を，作者が描いたムーミン谷の地図をもとに筆者が作品中から読み取った景観描写を加えて，絵地図上で再現したものが図8-1である．図の中にはところどころ物語の中の記述を示してある．この記述も含め，架空空間を作りあげている景観描写を取りあげながら『ムーミン』に描かれた架空空間について考察を深める．

図8-1をみると，ムーミン谷はU字谷に形成されていることがわかる．北欧のU字谷は，山頂を帽子のように覆う氷河のうち，谷に流れ下ったものが岩盤を侵食して形成されたものである．

また，U字谷は氷期以前に形成されていた谷の形状の影響を受け，一般的には谷壁斜面の傾斜が15〜20度以下の開いた谷では形成されない．ムーミン谷の「おさびし山」の斜面の傾斜は70〜80度ほどで，ここにU字谷が形成され

116

「向こうがわには、すごいがけがあって、まっすぐに海へ落ちこんでいたよ」(p.95 l.7)

ニョロニョロの島

「島は白い波がしらにとりかこまれ、青々とした木をいただいて、まるでお祭りのためにかざってあるみたいに、美しくあらあらしく海からそそり立っていました。」(p.85 l.15)

「西のほうには、海が見えました。東のほうには、川が「おさびしい山」をとりまいて、うねり曲がっています。北のほうには・・・(後略)」(p.19 l.16)

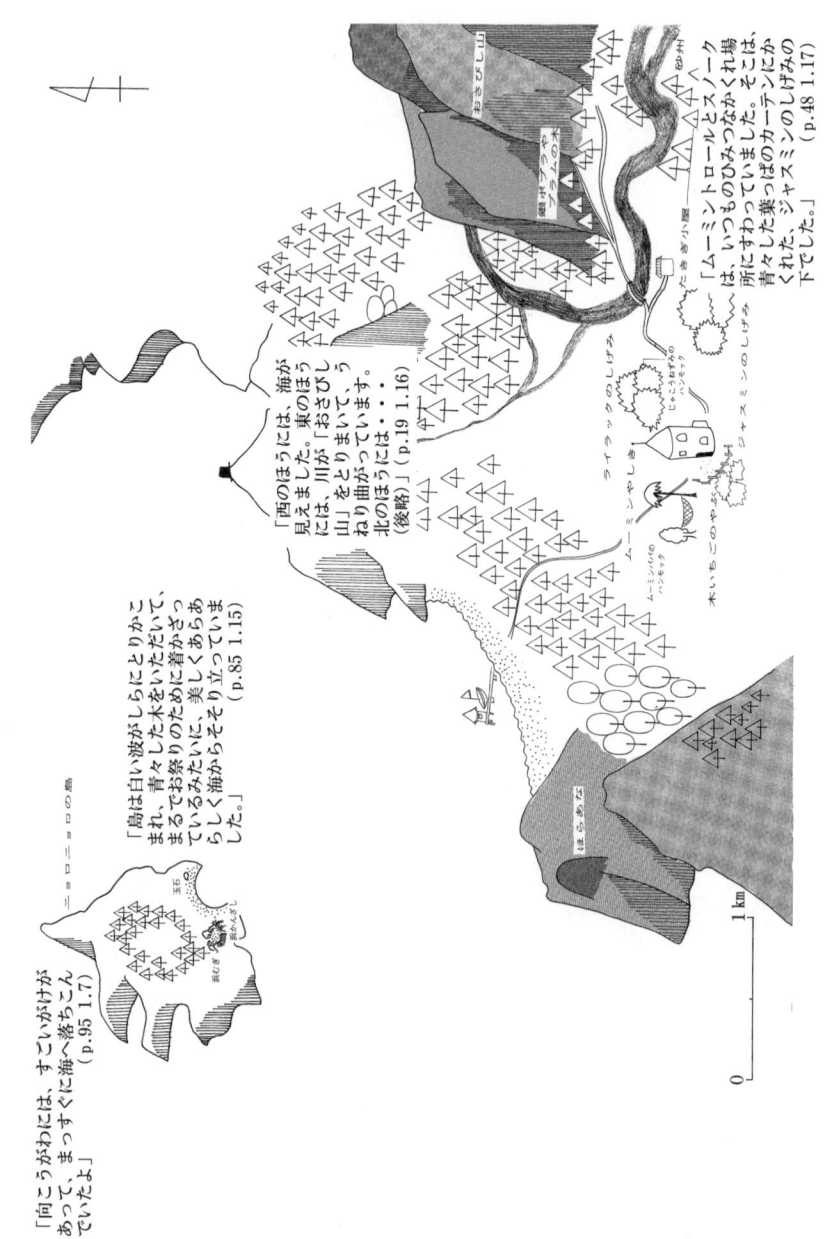

岩のびしゅ山
観光プラザ・フラムの木

「ムーミントロールとスノークは、いつものひみつのかくれ場所にすわっていました。そこは、青々とした葉っぱのカーテンにかくれた、ジャスミンのしげみの下でした。」(p.48 l.17)

図8-1　作品から読み取ったムーミン谷の景観描写

0　　　1 km

ていると思われる．

次にムーミン谷の全体的な景観描写についてあげてみたい．

> そこで3人は，だれよりも早く山のてっぺんまでいこうと，さっそくのぼりにかかりました．
> 頂上につくと，3月の風が，みんなのまわりをおどりはねました．足の下には，青々したながめが，遠く遠くひろがりました．
> 西のほうには，海が見えました．東のほうには，川が「おさびし山」をとりまいて，うねり曲がっています．北のほうには，大きな森が緑のじゅうたんをひろげているし，南を見ると，ムーミントロールの家のえんとつから，青いけむりが立ちのぼっていました．ムーミンママが，朝ごはんのしたくをしているのでしょう． （『ムーミン谷の彗星』19～20頁）

この文にある西に見える海はフィンランド湾である．また，北欧で3月は「みどりのじゅうたん」であり，『ムーミン谷の彗星』に描かれている樹木から考えると，これはもみの木の森であると推測できる．この日は晴れており，ムーミンたちはかなりの範囲を見渡すことができているものと思われる．朝であることを考慮に入れても，視程は，15～20km，あるいは，それ以上であると考えられる（『気象学ハンドブック』技報堂による）．ここでムーミン屋敷からこの山の頂上までの道のりを推定してみよう．平均的な子どもが1分間に約50m歩くとすると，1時間に約3km進むことができる．このうち山を登ることを考えると，1時間に約2km程度進むことができよう．ムーミンたちは「だれよりも早く山のてっぺんまでいこう」としているので，子どもらしい道草はあまりしていないものと考えられる．そして朝から朝食の時間を少し過ぎた頃までの間に山を登って降りて来ることができている．この時間を約3時間とし，このうち山を登るのに2時間かかったとすると，ムーミン屋敷からこの山の頂上までの道のりは約4kmと推定できる．また俯角にして10度近傍のところは，

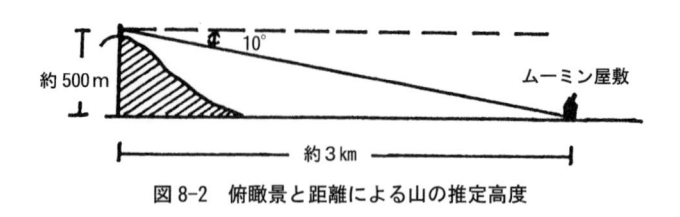

図 8-2　俯瞰景と距離による山の推定高度

　人間にとって見やすい領域で，俯瞰景における中心領域と名づけられているので，山の頂上から何げなく南を見渡したときにムーミン屋敷が見えていることから，俯角にして10度近傍にムーミン屋敷があると考えられる．ムーミン屋敷から山の頂上までの道のりは約4kmなので，直線距離にして約3kmほどと考えられ，筆者の知る中学生たちが標高629mの愛知県の猿投山に登ったときに約2時間弱かかったことも合わせると，この山の高さは500mほどと推定できる（図8-2）．そして，東の方には川が「おさびし山」を取りまいて，ムーミン屋敷のそばを通り，うねり曲がっている．
　次に浜辺と海岸についての景観描写をあげてみる．

　　浜べは，ずっと向こうまでつづいていて，いきつくさきは高い岩山になっています．その岩山は，海からまっすぐにつきでていて，山全体が波しぶきにぬれていました．（中略）
　　ちょうど，そのときでした．小さな動物のスニフは，岩山のてっぺんをひとりでぶらついてる子ねこを見つけたのです．（中略）
　　子ねこは，黄色いひとみでちらりと下を見ただけで，さっさと歩いていってしまいました．それで，スニフが山をのぼりはじめました．水にぬれた急坂をよじのぼりながら，ひっきりなしに子ねこをよびつづけました．やっとのことで，てっぺんまでのぼってみると，子ねこは，がけっぷちへでて，せまい岩だなの上を，ゆうゆうと歩いているのでした．（中略）
　　スニフは，こんなにこわい思いをしたことがありませんでしたし，自分

をこんなに勇敢(ゆうかん)だと感じたこともありませんでした．すると，ふいにほらあながあらわれたのです．岸壁(がんぺき)にあながあいていて，その内がわが，本式のどうくつになっていました．

　スニフは，あっと息をのみました．どうくつ．こんなのは，一生に一度しか見つからないか，一生かかっても見つけられないものです．地面はきれいな砂で，かべは黒くてすべすべしていました．天井に一つあながあいていて，青い空の見える窓になっています．砂は，日光であたたかでした．

（『ムーミン谷の彗星』16〜18頁）

　フィンランド湾は冬季になるとほぼ全面が結氷し，沿岸は定着氷に覆われる．しかも，この地域は氷河性アイソスタシー（氷河の拡大・消失に伴って生じる地殻の昇降運動）によって，年間数mm程度の隆起が起こっているので，海岸線は氷床が侵食して作った岩礁や，干潟堆積物のシルト（土と粘土の中間の大きさの粒で直径が1/16mm以下のもの）・粘土などによって構成されている．ムーミン谷の浜辺もこれらの干潟堆積物で構成されているものと思われる．またフィンランド湾に面した海岸部の地質はほとんどが花崗岩で，この花崗岩は石質が堅硬であるが温度変化や雨水などによって分解されやすいという特徴をもっている．

　資料の中の洞窟はしだいに隆起した海岸部の花崗岩を波と風が長年にわたり侵食した花崗岩の一部であると考えられる．

　次にニョロニョロの島についての景観描写を取りあげたい．

　ずっと沖のほうに，ニョロニョロの島が，暗礁(あんしょう)や岩にかこまれて，ひっそりと横たわっていました．一年に一度，ニョロニョロという小さなお化けたちが，世界じゅうをあらしにでかける前に，この島に集まるのです．ニョロニョロたちは世界のあらゆる方角から，その小さく白い，まじめくさった，のっぺらぼうの顔をして，だまりこくって，集まってきます．

（中略）
　そこでみんなは，コーヒーを飲み終わると，見まわりにでかけたのです．
　島の反対がわには，すべすべした光かがやく岩が海につきでて，そびえ立っていました．そのあたりには，人魚たちのひみつのおどり場に使われる，貝がらのちらばった砂浜や，磯波（いそなみ）がくだけるたびに鉄のとびらをたたくようなすごい音を立てる，まっ暗なさけめがありました．岩あなや，ゴボゴボ音を立てる水たまりも，いくつもあって，いろんなめずらしいものが見つかったのです．　　　　（『たのしいムーミン一家』85頁，113頁）

　ニョロニョロの島とは図8-1の左上にある島で，一年に一度ニョロニョロというお化けが世界中から集まってくる場所である．ただし図中にはニョロニョロの島が若干近めに描いてあり，正確な位置は推定しかねるものの，本来は浜辺から見えない位置にある．
　北欧は凹部は海や湖に，凸部は島になるために小さな島がきわめて多くなっている．フィンランドの沿岸も島が多く多島海（たとうかい）となっている．
　フィンランド南西部のオーランド諸島周辺の海域を海図で見てみると島や岩礁がきわめて多い．ニョロニョロの島もそれらのうちの一つであると考えられる．また『ムーミン谷の彗星』の中に彗星が接近したことから，海の水が干上がってしまう描写があるが，この海底にそびえる「ものすごく大きな山」も，海の水があった頃には，小島や岩礁として海の上にその頂上を見せており，これらの島の一つであると考えられる．

　そういって，スノークのおじょうさんは，ため息をつきました．彼女は竹馬に乗って，みんなのあとにつづいたのでした．こんな海の底では，彗星がことさらに大きく感じられ，まるではあはあと息をはずませながら，湯気の中でゆれているように思われました．みんなは，足の長い小さなこん虫みたいなかっこうで，海の深いところへ，ずんずんおりていきました．

そこここに，ものすごく大きな山が，砂の上にそびえています．前には，そういう山々のてっぺんだけが，海から外へでていて，小島や岩山になり，船あそびの連中は，そこへ船をつけて，小さな虫たちが，島のまわりで水あそびをしたものだったのです．　　（『ムーミン谷の彗星』140〜141頁）

さらに「貝がらのちらばった砂浜」や「まっ暗なさけめ」や「岩あな」は，先に述べたのと同じく海食作用によってできたものであろうと推測される．

『ムーミン谷の彗星』で，ムーミントロールは接近してきた彗星について詳しく知るために「おさびし山」の奥にある天文台へ「たんけん」の旅にでかけている．

この天文台への「たんけん」の旅によって形成されたムーミントロールの知覚空間は，ムーミントロールが道のりどおりに知覚した空間で，ムーミントロール自身の全体的な空間の把握には至っていないものと思われる．「おさびし山」へ入っていく間は，高い山々に囲まれており，最も高い山に登った後も深い霧や厚い雲に覆われているため，周囲の見通しが悪くなっており，他に高いところなどから全体を知覚する場面は見られない．しかし，筏で川を下ったり，ヘムルさんの服による軽気球で飛ばされるほかは徒歩での行動が多いため，個々の場所に関する認識は深いものとなっていると判断できる．したがって，こうした探検行動によって形成されたムーミントロールの知覚空間は，全体を把握するような空間的な広がりは見せておらず，線的な知覚空間となっていると言えるだろう．そこで，この線的な知覚空間を同一の性質をもつ空間ごとに，等質ゾーンとして分けてみると5つのゾーンに分かれた．

　A：プロローグゾーン　はじまったばかりの「たんけん」の旅にムーミントロールもスニフもわくわくしているゾーンで，筏に乗って川を下っている．途中でスナフキンと出会い，友達になって一緒に旅をする．川がしだいに狭くなり，流れも速く，あちこちで渦を巻いていたり，滝があったりするが，ムーミンたちはすべて「たんけん」にはつきものの楽しい出

来事として感じている．

B：エキサイトゾーン　いよいよ本格的な「おさびし山」へ入り，寒々とした絶壁の間を登っている．途中で大わしに攻撃されたり，がけっぷちにあるスノークのおじょうさんの金の輪を拾ったりする．また大きな石をがけっぷちから落として楽しんでいる．このときムーミントロールも大きな石と一緒にがけっぷちから落ちるが，命綱のお陰で助かる．しかし，これらの出来事にやはり恐怖は感じておらず，みんなで楽しんでいる．8月3日午後7時53分に天文台へ到着し，8月7日午後8時42分に彗星が地球に衝突すると聞く．3人は夜通し歩いて山を下りる．

C：アドベンチャーゾーン　彗星が迫って来ることを不安に感じながら，ムーミン屋敷への帰り道を急ぐ．途中アンゴスツーラというお化けと戦い，スノークのおじょうさんを救い出し，そこからスノークとスノークのおじょうさんと一緒に旅を続ける．森の中のくねくねした道や，森の動物たちとの野外ダンスを楽しんでいる．

D：エキスプロールゾーン　彗星の接近により干上がってしまった海を，竹馬に乗って越える．海底はどろどろとしており，少ない水たまりに魚が跳びはねている．途中で難破船を発見したり，おおだこやニョロニョロに出会ったりする．

E：エピローグゾーン　再び陸地に着き森の中を通っているときに，いなごの大群が森の木をすべて食べ尽くしながら通り過ぎていく．その後，大風に吹かれ，ヘムルさんの服で作った軽気球で飛ばされ，ムーミン屋敷の近くの森に着陸する．ようやくなつかしいムーミン屋敷へと帰ってくる．

　A～Eのゾーンについてまとめてみると，それぞれのゾーンには何らかの刺激的要素が含まれ，ムーミンたちはこの「たんけん」の旅を若干不安に感じながらも，楽しいものとしてとらえている傾向にある．

　A～Eは全体的に一連の探検行動であるが，それぞれのゾーンごとに少しず

つ異なった性質を有しているため，空間の不連続性がみられる．その空間の不連続性がみられるのは，空間ごとの地形的な違いによるものが最も大きな要因だが，それに加えてそれぞれのゾーンにおけるムーミントロールの心理状態の違いが若干現れていることも要因として考えられる．知覚空間は作品中の人物の心理状態あるいはその後方に控える作者の心的情景の現れであると言えるだろう．

架空空間における自然的要素

今まで述べてきた作品中の架空空間の中に描かれている自然環境についてみることにより，現実の空間と作品中のそれとをより詳細に対応させてみる．

フィンランドは寒冷地帯に属し，冬は長く積雪量も多い．ムーミン谷も冬は長く，何もかもが雪に覆われる．特に，冬は日照時間も短く，冬至における薄明時を含んだ昼間の長さでも7時間43分しかない．ムーミンたちは厳しい寒さと暗い長い夜が続く冬を，冬眠して過ごすのである．

フィンランドにおける森林帯はタイガと呼ばれる針葉樹林であり，ヘルシンキ付近は，落葉樹林帯との漸移地帯にあたる南部針葉樹林帯に属する．ここでの林相はトウヒ類・モミ類を主体とした針葉樹林になっているところが多く，それに加え，カンバ類等の広葉樹が見受けられる．ムーミンの中には針葉樹ではモミ・マツ・ネズ，広葉樹ではカバ・ポプラ・ナナカマド等の樹木が描かれている．また，これらの喬木性森林帯では林床植物にはコケモモやベリー類等の矮性低木類と苔類が発達するのみで，川辺を除くと下草が繁茂することがないため，ムーミンたちは子どもたちだけで，森へ遊びに行くことができると考えられる．

(3) 子どもの遊びと探検行動

子どもには成長の過程において，しばしば探検行動が見られるようになる．

それは子どもの本能的な欲求にもとづく行為で，小学校3年生ころ（8～9歳）から心が外界に向かうようになる結果現れる行動である．それは自分の家を中心にして子どもが未知の土地に行動範囲を広げて行く過程であり，さらに言えば，子どもが主体性をもって自らの世界像を拡大させていく行動の過程である[9]．子どもにとって未知の土地に足を踏み入れる探検は，自らの頭の中における知覚空間をおし広げる営みであり，心の奥底の知的好奇心に支えられた行動である．

そこで本章では，先に述べた架空空間の中で生きる子どもたちの遊び行動や探検行動を通して，子どもたちの知覚空間の広がりとメンタルマップの形成をとらえることを試みた．

トーベ・ヤンソンの処女作は1945年に出版された『小さなトロールたちと大きな洪水』であるが，この作品の中で大洪水に追われてからムーミン一家はムーミン谷に住みつくことになる．『ムーミン谷の彗星』で始まるムーミンシリーズは，ムーミン一家がこのムーミン谷に住みついたところから始まるため，ムーミントロールもムーミン谷の地理をまだよく知らない．よって，スニフとわくわくしながら新しい道を探検し，ムーミン谷に海があることを発見して夢中になる．スナフキンやスノーク，スノークのおじょうさんともこの『ムーミン谷の彗星』の中ではじめて出会い，友達になる．そのムーミントロールがはじめて海を見つけたときの様子を描いているのが次の記述である．

「ここだ，見つけたぞ．うん，なんだって．この道が，こわそうじゃないって．そんなら，きみがさきに歩けよ」

ムーミントロールは，びくびくしながら，緑色のうす暗がりの中へ，はいっていきました．あたりは，まったくしずまりかえっていました．（中略）

そこで二人は，ぴったりと横にならんで，どんどん森の中へはいっていきました．森は，ますます緑がこくなり，いっそう暗くなるばかりでした．

しかも，はじめはのぼり道でしたが，やがてくだり道になって，だんだん細くなり，しまいには消えてしまって，こけやしだばかりになってしまいました．
　「道って，どこかへつづいてるものなのになあ．こんなの，いけないね．こんなふうに，なくなっちゃうなんて」
　ムーミントロールはこういって，こけの中へ，すこしはいりました．(中略)
　木々のずっとおくから，かすかな音がきこえます．ムーミントロールは，またすこし進んで，顔を上に向け，くんくんとにおいをかぎました．風はしめっぽくて，気持ちのいいにおいがしました．
　「海だ」(中略)
　「ぼくは，とってもうれしくなっちゃったんだもの．谷も川も山も知ってるけど，海もこの近くにあるとは，知らなかったんだ．まあ，あの波をごらんよ」
　　　　　　　　　　　　　　　　（『ムーミン谷の彗星』10〜12頁）

　そこには海があり，海辺の岩山には洞窟があった．このスニフが発見した洞窟は，今後彗星から避難するために隠れる場所に使ったり，暑い日に2〜3日過ごしたりするなど，ムーミンたちの重要な遊び場となり，新しい知覚空間としてムーミントロールのメンタルマップに加えられている．
　また山に登ってムーミン谷一帯を見渡した描写があるが，ここでムーミントロールはムーミン谷の全体的な位置関係を空間的に把握する．こうして，次第にムーミントロールの行動範囲と知覚空間は広がっていくが，通常の行動範囲はアンよりもやや広めのほぼ2〜3km以内であると考えられる．
　ムーミントロールの知覚空間を模式的に表したものが図8-3である．ムーミン屋敷の周辺はムーミントロールの日常生活空間で，最も認識の深い空間となっている．aは海辺までの認知範囲で，森を抜ける間は狭く，その後は視野が広がるとともに，知覚空間も広がっている．この海辺には頻繁に行くように

126

a）海辺までの認知範囲

b）山までの認知範囲と山の頂上からの知覚空間

c）川に沿った認知範囲

d）ムーミントロールの知覚空間

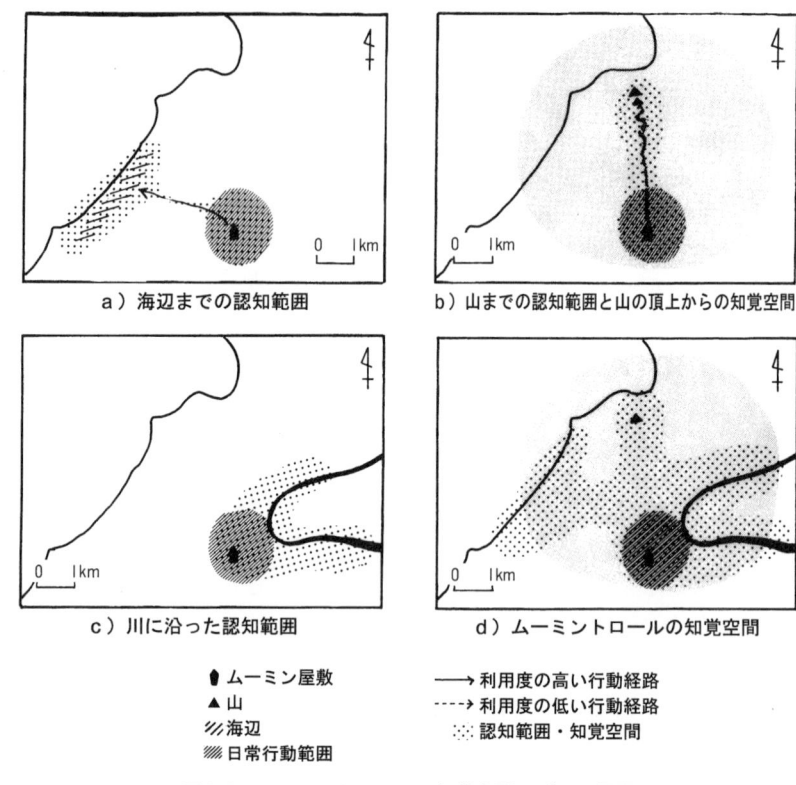

- ⬟ ムーミン屋敷
- ▲ 山
- ░ 海辺
- ▓ 日常行動範囲
- ─→ 利用度の高い行動経路
- ---→ 利用度の低い行動経路
- ∷ 認知範囲・知覚空間

図8-3　ムーミントロールの知覚空間モデルの展開

なり，ムーミントロールにとってしだいに認識の深い場所になっていく．bは山まで認知範囲と山の頂上からの知覚空間で，やはり山の頂上へ行くまでの認知範囲は若干狭く，その後は山の頂上からムーミン谷一帯を一望できるため，知覚空間はかなり広くなっている．cは川に沿った認知範囲で，橋の周辺から川下の砂州の辺りまでは遊び行動範囲となっている．それらを統合したものがdのムーミントロールの知覚空間で，山の頂上から見渡した範囲を含めると，知覚空間はかなり広くなっている．しかしムーミン谷がU字谷に形成されてお

り森も多いことなどから，ムーミントロールの知覚空間は目的地まではやや狭いものとなり，視覚的な空間の広がりが若干少ないようである．

『ムーミン谷の彗星』で，ムーミントロールは「おさびし山」の奥にある天文台に「たんけん」の旅にでかけている．しかしこの場合に関しては，ムーミントロールが通ったルート，あるいは目にしたのも，つまりムーミントロールが知覚した空間についての景観描写がなされているだけで，全体的な空間の知覚はなされていない．よって線的な知覚空間の伸びは伺われるものの，空白の部分が多く，全体的なメンタルマップの形成には至っていない．

『たのしいムーミン一家』の中で，はじめてムーミンたちはムーミンママが「冒険号」と名づけた船に乗って「ニョロニョロの島」へ行く．上陸すると島の探検に出かけ，島を一回りする．こうして新たに「ニョロニョロの島」がムーミントロールのメンタルマップの中に加えられていく．

これらの探検は，少々こわそうな場所であったり，わくわくするような場所で行われている．そしてこの徒歩による探検をすることにより，知覚空間が広がり，メンタルマップが形成されている．

ムーミンたちの遊び場所についてみると，森や海辺の洞窟や木のしげみなどがあげられる．「青々した葉っぱのカーテンにかくれた，ジャスミンのしげみの下」は，「いつものひみつなかくれ場所」になっており，「ライラックのしげみ」や，「木いちごのやぶ」もいつもの遊び場の一つとなっている．また，山に登ったり，「こわそう」な森へ入っていったりする「たんけん」遊びは，ムーミンたちにとっても最も楽しい遊びの一つとなっている．

また，ムーミンたちには「ひみつの合図」があり，口笛を鳴らしたりしながらひみつの連絡をとっている．これらの遊び場所や遊び行動，そして表8-1に示した「ひみつの合図」などは，大人がすでに忘れてしまっている子どもたち独特の世界であると言えるだろう．

作品に登場する子どもたちの遊び場所や遊び行動には，特色がみられる．まず，子どもたちは歩きながらの探検行動を通して，それぞれの知覚空間を様々

表 8-1　ひみつの合図

意　　　味	方　　　法
これから，なにかはじまるぞ	3回ふつうの口ぶえをふいてから，指をくわえてピューと高くふき鳴らす
とてもめずらしいことがおこったよ	長い口ぶえを3度ふく
ひみつ	かなかな口ぶえをふく
SOS	2本の指を口にくわえて，3度は短く，3度は長く，そしてまた3度短く高くふきならす
きみはきょうはなにをするつもり？	長い口ぶえを1度と，短い口ぶえを2度ふきならす

(作品中の記述より作成)

な方向へと広げている．それは個々の子どもたちによって若干異なっているものの，概して「楽しそう」で冒険心をそそられるような場所に関して行われている．この探検行動を通して，現代の都市の子どもたちにはみられがたい自然との触れ合いが行われ，自然と一体化した子ども像が浮かび上がってくる．また，こうしてみつけた遊び場やひみつのかくれ家などは，森の中であったり，人があまり来そうでないところであったりするなど，大人の目からは触れにくいところとなっている．子どもたちはそうした大人と遮断された場所に，子どもたちだけの空間を形成しているように思われる[10]．

　さらに3つの点があげられる．

　第1に，子どもによって通常の行動範囲の広さが異なっている．ムーミントロールの場合「いつものひみつなかくれ場所」である「ジャスミンのしげみ」などは，ムーミン屋敷の周辺であり，半径500m以内の範囲である．しかし「たんけん」遊びに出かけると2～3kmほどの距離は行ってしまうため，通常の行動範囲は2～3km以内と規定することができる．

　第2に，遊び場所と遊び行動についてみると，ムーミントロールはうす暗そうでこわそうな場所や楽しそうでわくわくするような場所を好み，新しい道を発見するとすぐに「たんけん」遊びに行ってしまう．また家族や仲間と一緒に，

様々な場所に出かけたりする．トムはこわそうであったり，幽霊が出そうなうす気味悪い場所を好み，そういう場所へあえて真夜中に出かけて行ったりする．また戦争ごっこ，海賊ごっこ，幽霊屋敷での宝探しなど少年らしい遊びもしている．

　第3に，知覚するものの違いがあげられる．ムーミントロールはこわそうであったり，楽しそうであったりするものや，そうした要素を含む場所に関する知覚をきわめて多く行っている．しかしこの「こわそう」も決して「気持ちの悪い」という類のものではない．また浜辺のきれいな石など，美しいものに関しても認知している．

　ムーミントロールの年齢ははっきりしていないが，作品全体にわたって描かれている遊び行動や探検行動，あるいは会話などから，ムーミントロールは人間で言えば9〜10歳前後であると推定される．

　『ムーミン』は女性の作者が男の子を描いた作品であるため，こわそうなものときれいなものの両方の知覚がみられる．また行動に関して言えば，作者が活発な少女時代を過ごしたことや，行動を起こすことが大好きな父親に育てられたことなどが影響している思われ，作者の幼少期の思い出がムーミントロールを通じて作品の中に描かれている．また筆者はムーミントロールの年齢を9〜10歳前後と推定しているが，その理由として，ムーミントロールがムーミン屋敷の周辺やそこから2〜3km離れた場所で遊ぶ場面が多くなっていることがあげられる．

（寺本　潔）

［文学作品の出典］
トーベ・ヤンソン著，下村隆一訳『ムーミン谷の彗星』講談社，1978年．
トーベ・ヤンソン著，山室　静訳『たのしいムーミン一家』講談社，1978年．

［注］
1) 安藤美紀夫（1981）『子どもと本の世界』角川書店，150-151頁．
2) 松田司郎（1981）『現代児童文学の世界』毎日新聞社，77-84頁．

3) 定松　正（1985）『児童文学』こびあん書房，149 頁.
4) 奥野健男（1972）『文学における原風景』集英社.
5) 前田　愛（1982）『都市空間のなかの文学』筑摩書房.
6) 杉浦芳夫（1992）『文学のなかの地理空間－東京とその近傍』古今書院.
7) トーベ・ヤンソン著，冨原眞弓訳（1991）『彫刻家の娘』講談社.
8) 前掲 7），234 頁.
9) 寺本　潔（1994）「子どもの知覚環境研究の展望－メンタル・マップと地理的原風景」愛知教育大学研究報告，第 43 輯（人文科学）75-88 頁. 寺本　潔（1994）『子どもの知覚環境－遊び・地図・原風景をめぐる研究』地人書房.
10) 寺本　潔（1988）『子ども世界の地図－秘密基地・お化け屋敷・子ども道の織りなす空間』黎明書房.

［追記］
　本章は，下記の書籍に発表された井藤かおりとの共著論文を下敷きに作成されたものである．
　杉浦芳夫編（1995）『文学　人　地域－越境する地理学』古今書院，p.261〜312 所収（寺本潔・井藤かおり：児童文学に描かれた架空空間と子どもの探検行動－『赤毛のアン』及び『ムーミン』を事例に－）．

第9章　世代間変化にみる遊び場

　近年，子どもの日常生活の中で，外遊びの減少が問題視されている．では，なぜ子どもの外遊びが減少してしまったのだろうか．その理由として，遊ぶことのできる場所の減少やビデオゲームの登場，学習塾通いに代表される学校以外での習い事の増加などを想像する人が多いだろう．また，よく子どもの「三間（ま）」がなくなったといわれる．三間とは時間・空間・仲間の三つの間を指す．外遊びは時間・空間・仲間の三つがそろわなければ成立しない．現代社会を生きる子どもたちに三つの間がなくなったので，外遊びが減少したともいわれている．

　本章では，三つの間の時代変化を示す．子どもたちの外遊びはどのように変化したのだろうか．これを岐阜県羽島市竹鼻町（はしま・たけはな）の旧竹鼻地区での事例調査をもとに考えていきたい．

　調査地域の羽島市は岐阜県の南西部に位置し，東は木曽川を隔てて愛知県に接し，西は長良川があり，東西を大きな川に挟まれている．対象地域内には数多くの用水路および逆川（ぎゃくがわ）が存在し，逆川沿いに1950年前後まで輪中提（わじゅう）も存在した．また，戦後の繊維ブームにより1960年代に繊維工業が発達した地域でもある（図9-1）．

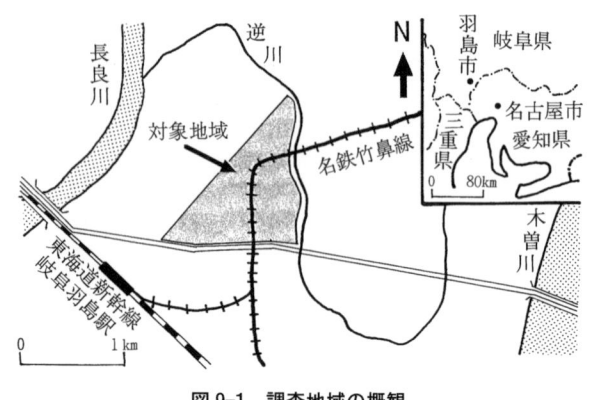

図 9-1　調査地域の概観

(1) 調査方法

　子どもの生活空間の世代間変化を示すためには，過去と現代の子どもの生活空間を把握する必要がある．そこで，アンケート調査と聞き取り調査を行い，子どもの生活空間の把握を行った．
　まず，対象地域にある竹鼻小学校を通じて，アンケート調査を実施した．小学生とその家族に子ども時代の「遊び空間・遊び時間・遊び仲間」について質問し，空間・時間・仲間の時代変化の概略を把握した．次に，アンケート調査ではとらえきれない過去の子どもの具体的な遊び空間や遊びの状況の詳細を把握するために聞き取り調査を行った．聞き取り調査は次のように実施した．インタビュー調査に協力してくれた人たちの子ども時代に一番近い時期の住宅地図や2500分の1の地図（国土基本図と土地利用現況図：家の形状が一軒一軒明確にわかる）を提示し，どこを遊び空間としたか，またそこでどのような遊びをしていたか，どのような集団で遊んでいたかという内容をインタビューした．また，国土基本図と土地利用現況図から，当時の土地利用変化も把握した．

表 9-1　アンケート調査および聞き取り調査の回答者の属性

		祖父母の世代	父母の世代	現代の子ども
調査時点での年齢		60歳以上	30歳代・40歳代	10歳代（中学生以上）
子ども時代		1930年～45年ごろ	1955年～75年ごろ	1980年代
アンケート調査	男子	40人	172人	55人
	女子	23人	84人	54人
	合計	63人	256人	109人
聞き取り調査	男子	10人	19人	5人
	女子	2人	5人	5人
	合計	12人	24人	10人

ここで用いる年齢は1994年時点のものである．

便宜的にアンケート回答者および聞き取り調査の協力者を表9-1のように区分した．まず，10歳代の回答者を「現代の子ども」，30歳から50歳までの回答者を「父母の世代」，60歳以上の回答者を「祖父母の世代」と区分した．

(2)　アンケート調査の結果

遊び空間の変化

表9-2は，アンケートの中で，小学生時代のよく遊んだ遊び空間の回答を，集計したものである．

世代が新しくなるにつれて比率が増加する遊び空間に「家の中」「公園」「グランド」がある．「家の中」は各世代とも女子の比率が男子よりも高く，また，現代の子どもで大幅に増加する．これは，外遊びが行える空間が減少したことのほか，屋内に個室を持つ子どもが増えたことやコンピュータゲームなど屋内向けの遊び道具が普及したことが原因だと考えられる．次に「公園」であるが，対象地域内の公園数が父母の世代では現在の半数であり，祖父母の世代では，さらに少なかった．そのため，世代が新しくなるにつれて，公園を回答する比率は増加する．「グランド」は，対象地域内の小・中・高等学校に祖父母の世代から存在していた．現代の子ども，父母の世代は約半数がグランドを回答して

表 9-2　小学生時代の遊び場

		家の中	道	公園	グランド	空き地	森や林
現代の子ども	全体	77.1	47.7	38.5	46.8	27.5	2.8
	男子	65.5	50.9	32.7	63.6	32.7	3.6
	女子	88.9	44.4	44.4	29.6	22.2	1.9
父母の世代	全体	25.9	46.7	24.7	47.1	69.9	7.3
	男子	16.3	47.7	25.0	51.7	73.8	7.6
	女子	44.8	44.8	24.1	37.9	62.1	6.9
祖父母の世代	全体	15.9	49.2	15.9	25.4	49.2	12.7
	男子	10.0	45.0	15.0	27.5	50.0	15.0
	女子	26.1	56.5	17.4	21.7	47.8	8.7

複数回答可とした．
アンケート調査の回答者数に対する割合であり，単位は％である．
(アンケート調査より作成)

いるものの，祖父母の世代は低い割合でしか回答していない．時代とともに都市計画が用意した遊び場の回答が増加する傾向にあった．

　世代が新しくなるにつれて比率が減少するものに「空き地」や「森や林」がある．現代の子どもは「空き地」が建物や駐車場などに変化し，遊び空間として利用できなくなった．「森や林」は，全体的に数値は小さいが，祖父母の世代では現代の子どもに比べてかなり高い割合で「森や林」で遊んでいたことがわかる．

遊び時間の変化

　学校の終業時刻は，祖父母，父母，現代の子どもの各世代で大きな差は見られないので，遊び時間の差がうまれるとすれば放課後の時間の使い方である．

　放課後の子どもの生活時間を制約するものに習い事がある．表 9-3 に習い事の経験率を示した．習い事の経験率も，1 人当たりの習い事経験数も世代が新しくなるにつれ，増加する．

　習い事の経験率は，祖父母と父母の世代の間で大きく増加する．父母の世代の習い事をみると「そろばん」が 75％ を超えており，多くの子どもが同じ習

表 9-3　小学生時代の習い事の経験率

		習い事の経験がない	習い事の経験がある						一人当たりの習い事の数
			学習塾	そろばん	習字	音楽	スポーツ	その他	
現代の子ども	全体	2.8	64.2	61.5	75.2	26.6	34.9	21.1	2.8
	男子	5.5	61.8	50.9	70.9	3.6	45.5	23.6	2.6
	女子	0.0	66.7	72.2	79.6	50.0	24.1	18.5	3.1
父母の世代	全体	13.9	38.6	76.8	33.6	14.7	1.9	4.6	1.7
	男子	16.9	32.6	75.6	27.9	4.1	2.9	3.5	1.5
	女子	8.0	50.6	79.3	44.8	35.6	0.0	6.9	2.2
祖父母の世代	全体	42.9	4.8	38.1	28.6	3.2	7.9	15.9	1.0
	男子	45.0	5.0	37.5	27.5	2.5	12.5	10.0	1.0
	女子	39.1	4.3	39.1	30.4	4.3	0.0	26.1	1.0

アンケートでは，習い事の種類に関して複数回答可とした．
単位は％である（一人あたりの習い事数を除く）．

（アンケート調査より作成）

い事に通っていたことがわかる．そして「習字」「そろばん」などは自分の居住する自治会内の普段遊んでいる仲間どうしで通う傾向があり，習い事の前後が遊び時間だったという．このようなことから，祖父母の世代，父母の世代では習い事が制約になることは少なかった．

ところが，現代の子どもになると，1人当たりの習い事の数が増加し，遊び活動に対する制約は増加する．また，習い事の種類が多様となり，「音楽」「学習塾」「スポーツ」など，自分の居住地とは関係なく様々な場所の子どもが一カ所に集まる習い事が登場する．このことから，同じ習い事に普段の遊び仲間が集まる可能性は以前の世代よりも低く，習い事が遊び集団を形成する際の制約となった．

遊び仲間の変化

表 9-4 が遊び仲間の時代変化である．遊び仲間の学年の差は，どの世代でも学年が進むとともに仲間の規模が拡大することがわかる．しかし，祖父母の世代では 5・6 年で 2～3 人という少人数の遊びが増加する．これは，5・6 年生

表 9-4　小学生時代の遊び仲間の規模

a) 1・2 年生時の遊び仲間

世　代		1 人	2～3 人	4～5 人	6～9 人	10 人以上
現代の子ども	全体	1.8	48.6	33.0	8.3	8.3
	男子	1.8	36.4	40.0	9.1	12.7
	女子	1.9	61.1	25.9	7.4	3.7
父母の世代	全体	2.3	39.4	41.3	10.8	6.2
	男子	2.3	29.7	45.9	14.0	8.1
	女子	2.3	58.6	32.2	4.6	2.3
祖父母の世代	全体	1.6	25.4	33.3	28.6	11.1
	男子	0.0	25.0	37.5	25.0	12.5
	女子	4.3	26.1	26.1	34.8	8.7

b) 3・4 年生時の遊び仲間

世　代		1 人	2～3 人	4～5 人	6～9 人	10 人以上
現代の子ども	全体	0.0	41.3	34.9	12.8	11.0
	男子	0.0	34.5	36.4	14.5	14.5
	女子	0.0	48.1	33.3	11.1	7.4
父母の世代	全体	0.4	24.7	50.6	17.0	7.3
	男子	0.0	15.7	51.2	23.3	9.9
	女子	1.1	42.5	49.4	4.6	2.3
祖父母の世代	全体	1.6	15.9	38.1	23.8	20.6
	男子	0.0	15.0	37.5	22.5	25.0
	女子	4.3	17.4	39.1	26.1	13.0

c) 5・6 年生時の遊び仲間

世　代		1 人	2～3 人	4～5 人	6～9 人	10 人以上
現代の子ども	全体	0.9	29.4	36.7	14.7	18.3
	男子	1.8	23.6	34.5	14.5	25.5
	女子	0.0	35.2	38.9	14.8	11.1
父母の世代	全体	1.2	24.3	39.8	21.6	13.1
	男子	0.6	16.3	37.8	29.1	16.3
	女子	2.3	40.2	43.7	6.9	6.9
祖父母の世代	全体	0.0	23.8	25.4	23.8	27.0
	男子	0.0	22.5	22.5	27.5	27.5
	女子	0.0	26.1	30.4	17.4	26.1

単位は％である．
各行の合計が 100％ である．

（アンケート調査より作成）

ぐらいになると，家業の手伝いが忙しく，学校が終わってから友達と十分に遊ぶことができない子どもも多く，また，5・6年生ぐらいの年齢は，大人として扱われ，幼い子どもと町中を駆け回ることも少なかったためである．

また，男女差をみると，各世代の全ての学年で女子の方が少人数の遊び仲間の回答が多く，大人数の回答は男子の方が多い．次に，10人以上を見ると，全般的に，祖父母の世代よりも，現代の子どもや父母の世代で男女差が大きい．この差は，遊び空間と遊びの内容の世代差に原因を求めることができる．「グランド」を遊び空間とする回答は，父母の世代，現代の子どもの男子で高い．グランドでの遊びには，ドッジボールや野球，サッカーが多く，大人数で行われる．遊び空間や遊びの変化が仲間の規模の世代間変化と関連していることがわかる．

(3) 各世代の子どもの生活空間

図9-2は，聞き取り調査で収集した遊び空間を，道路や屋内を除き，地図上に落としたものである．この図と聞き取り調査をまとめた表を用いて，各世代の生活空間の様子を示す．

祖父母の世代

祖父母の世代は，よく遊んだ場所として長良川や逆川，用水路などの「水辺の空間」を挙げている（表9-5）．小学校にプールができるまで，長良川が遊泳場の役割を担っていた．長良川へは自治会内の仲間で行き，年長者は，泳ぎの苦手な年下の子どもの面倒を見ることになっていた．水遊びは用水路でも行われており，逆川や用水路，水田で魚を捕まえたとの報告も多い．

また蓮田では蓮の実を取っていたようである．蓮の実には甘い味があり，祖父母，父母の世代では子どもにとって魅力的な食べ物であった．蓮の実を取る際，年齢による役割分担があり，集団の中の年少者に蓮田に入らせ，蓮の実を

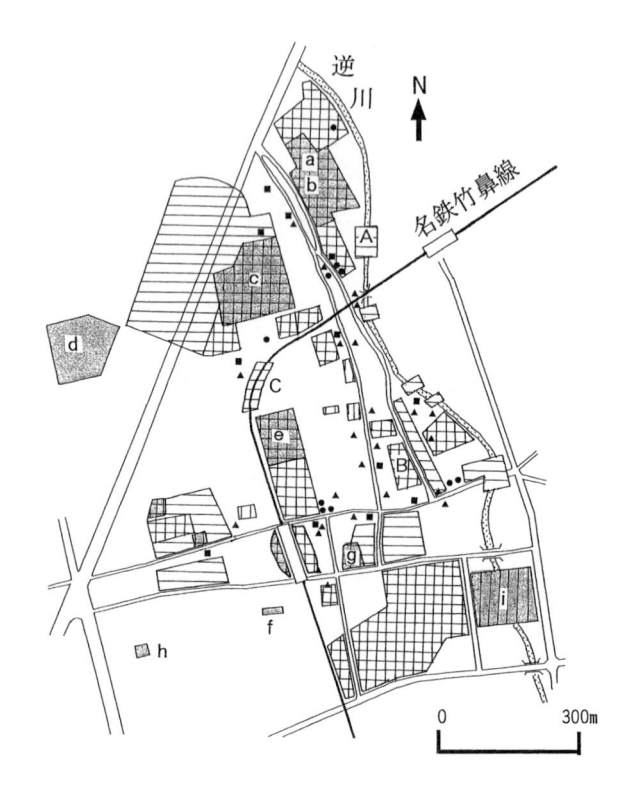

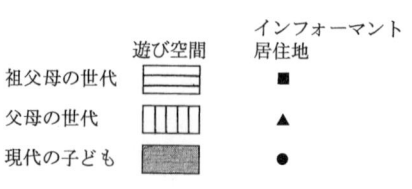

138

	遊び空間	インフォーマント居住地
祖父母の世代	▭	■
父母の世代	▥	▲
現代の子ども	▓	●

A 資材置き場   a 神楽公園   e 竹鼻別院
B 千代菊   b 八剣神社   f 大西公園
C 釘をつぶす線路 c 竹鼻小学校 g 大仏公園
         d 羽島公園   h 蓮池公園
                i 竹鼻中学校

図 9-2　遊び空間の変遷

第9章 世代間変化にみる遊び場　139

表9-5　祖父母の世代による竹鼻町内の遊び空間・遊び・遊び仲間

番号	生年	性別	よく遊んだ場所	よく遊んだ遊び	遊んだ仲間
1	1922	男	b, c, 長良川, 蓮田, 用水路	魚釣り, 蓮の実取り, 石合戦, チャンバラ, 鬼ごっこ, 野球, 水泳	自治会の仲間5～6人から10人（4歳～11歳ぐらい）
2	1924	男	長良川, 逆川, 蓮田, 光照寺, 道路	魚釣り, 蓮の実取り, 釘差し, メンコ, 自転車乗り, 野球	自治会の仲間6～7人 野球の際は様々な自治会の仲間15～16人
3	1924	男	e, 水田, 蓮田, 用水路, 輪中提, 本覚寺	魚釣り, 蓮の実取り, 木登り, 鬼ごっこ, たこ揚げ	自治会の仲間7人以上
4	1926	男	A, 長良川, 逆川の土手, 正法寺	秘密基地, かくれんぼ, 水泳	自治会の仲間5～6人
5	1927	男	b, c, 長良川, 道路	魚釣り, チャンバラ, 鬼ごっこ, 野球, 水泳	自治会の仲間
6	1927	男	A, 逆川, 本覚寺	魚釣り, ドッジボール	自治会の仲間15人ぐらい
7	1929	女	c, e, g, 用水路	魚釣り, 陣取り, メンコ, 鉄棒, ドッジボール	自治会の仲間3～10人（いろいろな年齢） eでは自治会（同学年の3人）
8	1930	男	e, 逆川, 輪中提, 空き地, 道路	魚釣り, 鬼ごっこ, メンコ, コマまわし, 水泳	自治会の仲間5～6人から10人（4～10歳ぐらい）
9	1930	男	e, 長良川, 用水路, 水田, 蓮田, 駅前の広場, 道路	魚釣り, 蓮の実取り, 戦争ごっこ, 釘さし, 水泳	自治会の仲間5～6人
10	1931	男	B, c, 長良川, 逆川, 蓮田, 輪中堤	魚釣り, 蓮の実取り, 鬼ごっこ, かくれんぼ, コマまわし, 鳩を空気銃で撃つ, キャッチボール	自治会の仲間（4～6歳程度の年齢差）
11	1932	男	g, 用水路, 蓮田, 浄栄寺, 聞得寺	魚釣り, 蓮の実取り, かくれんぼ, 釘さし, メンコ, ビー玉, コマまわし	自治会の仲間6～7人（4～6歳程度の年齢差）
12	1934	女	輪中提, 神社, 道路	鬼ごっこ, ゴム飛び, ままごと, ボール遊び	自治会の仲間

表中の「よく遊んだ場所」の記号は図9-2の凡例と同一である．
「よく遊んだ遊び」に関しては，「自然を用いた遊び，境内や道での遊び，スポーツ」の順に並べた．
「魚釣り」は，釣り道具を使うものだけではなく，水生生物を捕まえる行為も示す．
(聞き取り調査により作成)

取らせる．子どもが蓮の実を取ると，蓮に傷が付く可能性があり，農家は蓮の実を取る子どもを見ると捕まえ，注意していた．そのため，年少者が蓮田に入っている間，年上の者たちが見張り，取れた蓮の実は年上の者から順番に与

えられたようである．また，水田では魚や水生昆虫を捕まえて遊んだ．このように，祖父母の世代では多くの子どもは「水辺の空間」で泥だらけになって遊んだ．

　神社，寺，空き地なども数多く報告されている．寺の中でも，竹鼻別院は境内が大きく，かなり広域に様々な自治会の子どもを集める遊び空間となっていた．また各自治会内に寺や神社があるが，学校から帰ってきて，自治会内の寺や神社に行くと必ず誰か遊び仲間がいて，遊ぶことができたようである．このように寺や神社が，その自治会の子どもたちのたまり場としての機能を持っていた．また，自治会内の道も重要な遊び空間となっており，それらの場所では，釘さし，メンコ，ビーダマ，陣取りなどの遊びが行われた．

　ほかに特徴的な遊び空間としては，千代菊の中や裏，資材置き場がある．千代菊は造り酒屋であり，その中や裏手には，樽や瓶，瓶のケースなどがあった．子どもにとってはかくれんぼや秘密基地遊びには便利な場所であり，遊び空間としては魅力的であった．当時は店の人も，そこで子どもが遊んでいることを当たり前のことのようにとらえていた．千代菊や資材置き場は，仙田（1984）がいう「アナーキースペース」にあたると考えられ，子どもたちにとって魅力的な空間である．また，逆川にある木材運搬船に乗せてもらう子どももいた．

　祖父母の世代や父母の世代がよく行った遊びの中に釘さしがある．それに利用する釘を作るために，名鉄竹鼻線の電車が近づいてくるのを見計らって，線路に釘を置き，釘をつぶす子どもも多かった．釘をつぶすのは線路の曲がり角で電車の減速する場所である．電車が見えてから釘を置くことができるし，釘がつぶれる様子も観察できたので，その場所で好んで釘をつぶしたようである（写真9-1）．

　このように祖父母の世代はいろいろな場所を遊び空間として利用していた．そして，子どもは自治会内のどこにでも侵入することができ，大人もそれに対して制限を加えることは少なかった．

　遊び仲間は多くの場合が自治会内の仲間からなっており，多様な年齢層で構

写真9-1 釘をつぶす場所

成される，いわゆる異年齢集団であった．異年齢集団で遊ぶことから，年長者から年少者へ遊びが伝承された．また，自治会内の仲間には「縄張り意識」があった．そして自分たちが安心して行動できる範囲が自分の自治会内であり，祖父母の世代はそれを明確に認識しており，それを越えるには心的抵抗があったという．ここでは，縄張り意識が生じる空間の境界を「エッジ」と呼ぶことにする．自治会の境界がエッジとなる場合が多く，線路や用水路，道路などもエッジとなった．エッジ付近では他の自治会の子どもとよくケンカが起こったが，小学校などは，エッジとは関係のない特別な場所であった．

夏の夜は，夕食の後も外に出て遊ぶことがあった．対象地域の中心に商店街があり，そこは街灯が明るいので夜も遊ぶことができ，街灯の下でメンコをしたり鬼ごっこをして遊んだ．また，竹鼻町内の映画館が夜9時半ごろに閉まり，それに合わせて名鉄竹鼻線の最終電車が出る．その電車が出ると商店街の街灯が落ちる．夏休みはいつもその終電が出るまで遊んでいる子どももいた．このように祖父母の世代では，夏の間は夜も子どもが自由に遊びに出ることができた．

父母の世代

　水辺の空間をみると用水路や池などでの魚釣りなどの遊びは父母の世代にも残った．ところが，1960年に竹鼻小学校にプールが作られ，川での水泳が禁止されたため，1951年以降に生まれたインフォーマントから長良川，逆川での遊びが減少する（表9-6）．

　水田や蓮田での遊びは，祖父母の世代と同様に見られ，蓮の実を取ったが，蓮田に入ると農家の人に怒られるだけではなく，小学校に通報されるようにもなった．また，神社，空き地でのターザンごっこなど，蓮田以外でも泥だらけになって遊ぶことがあった．

　図9-2では祖父母の世代と比べ，遊び空間は若干減少するが，祖父母の世代と同じ遊び空間はかなり残っていた．遊び空間としては，神社，寺，空き地などが報告されているが，学校のグランドや公園など遊び空間として大人が用意した空間での遊びも増加する．しかし，一種のアナーキースペースとして，千代菊や味噌を造る井三商店などの中も遊び空間として残った．依然として子どもは竹鼻町内の多様な場所を遊び空間としていた．ただ，遊びの内容は，チャンバラや石合戦などの，けがの危険が大きい遊びは姿を消した．

　遊び仲間は，多くの場合は5～6人から10人の集団を形成した．祖父母の世代と同様，自治会内の仲間で異年齢集団を形成している．異年齢集団で遊ぶ際に，年長者から年少者へ遊びが伝承された．しかし，同じクラスの仲間や同じ学年の仲間が遊び仲間であったとする者も増える．特に小学校や竹鼻別院など，縄張り意識の薄くなる空間では，クラスの仲間での遊びが多かった．そして，他の自治会内の遊び空間に同じクラスの友人を頼って遊びに行くこともみられるようになる．このことから，祖父母の世代にみられた自治会ごとの縄張り意識は薄れつつあったといえる．

現代の子ども

　現代の子どもでは，長良川や逆川での遊びは消える（表9-7）．ただ，用水路

第 9 章 世代間変化にみる遊び場

表 9-6 父母の世代による竹鼻町内の遊び空間・遊び・遊び仲間

番号	生年	性別	よく遊んだ場所	よく遊んだ遊び	遊んだ仲間
13	1945	女	c, 長良川, 道路, 自宅の庭	かくれんぼ, 陣取り, ままごと, 水泳	自治会の仲間
14	1945	男	e, g, 西岸寺, 道路	陣取り, 缶けり, メンコ, ビー玉, 野球	自治会の仲間5〜7人(いろいろな年齢) 野球は近くの自治会の仲間
15	1945	男	B, c, e, 長良川, 空き地, 道路	チャンバラ, かくれんぼ, 缶けり, メンコ, 相撲, 野球, ドッジボール, 水泳	自治会の仲間5〜10人ぐらい 弟・いとこ
16	1946	男	B, C, e, 長良川, 逆川, 蓮田, 輪中堤	蓮の実取り, 虫取り, 鬼ごっこ, かくれんぼ, 陣取り, 缶けり, 釘さし, メンコ, 相撲, 野球, 水泳	自治会の仲間5〜8人 野球は10〜20人ぐらい 年下の兄弟・姉妹
17	1948	男	b, c, 蓮田, あぜ道, 道路	魚釣り, 蓮の実とり, かくれんぼ, メンコ, ビー玉, コマ, 野球, 卓球	自治会の10人程度(いろいろな年齢) 高学年ではクラスの仲間
18	1948	男	c, 蓮田, 桑畑, 光照寺	魚釣り, 蓮・桑の実取り, 陣取り, 缶けり, 相撲, 野球	自治会の10人程度 グランドはクラスの25人程度 兄弟・姉妹
19	1948	男	B, e, 逆川, 堤防, 道路, 保育園	魚釣り, 蓮の実取り, 秘密基地, 缶けり, コマ, たこ揚げ, キャッチボール	自治会の仲間(上下4歳程度の幅) eでは自治会に関係ない仲間
20	1948	男	g, 長良川, 用水路, 空き地, 道路	魚釣り, 陣取り, 自転車乗り, 野球	自治会の5〜6人 隣の自治会の子どもともたまに遊ぶ
21	1948	男	逆川, 輪中堤, 道路, 自宅の庭, 正法寺	魚釣り, 鬼ごっこ, 陣取り, 缶けり, メンコ	自治会の5〜6人(いろいろな年齢) 庭では同学年の2〜3人
22	1950	男	b, c, 用水路, 長良川, 本覚寺, 道路	探検ごっこ, かくれんぼ, 陣取り, 缶けり, 自転車乗り, ドッジボール	cではクラスの15人程度 他の場所では自治会の5〜8人(いろいろな年齢)
23	1951	男	e, 蓮田, 排水機, 井三商店, 道路	魚釣り, メンコ, ビー玉, 自転車乗り, 野球	井三商店の裏手では自治会の2〜3人 eでは自治会に関係なく10人ぐらい
24	1951	男	逆川, 輪中堤, 正法寺, 井三商店	魚釣り, かくれんぼ, 釘さし, ビー玉	クラスの5〜6人 井三商店では自治会の2〜3人
25	1953	男	i, 蓮田, 輪中堤, 市役所, 道路	蓮の実取り, 探検ごっこ, 陣取り, 缶けり, 釘さし, たこ揚げ, メンコ, ビー玉, コマ, 野球	自治会の仲間5〜10人(いろいろな年齢)
26	1953	男	b, c, e, g, 空き地	缶けり, メンコ, 公園の遊具, ソフトボール	クラスの10人程度 gでは自治会の2〜3人
27	1954	女	b, c, e, 秋葉神社	ターザンごっこ, かくれんぼ, 陣取り, 缶けり, ゴム飛び, ボール遊び	c, eではクラスの仲間 その他は自治会の5〜10人(いろいろな年齢)
28	1954	女	c, 本覚寺, 家の前, 線路の横	鬼ごっこ, 陣取り, ドッジボール	小学校ではクラスの20人程度 本覚寺では自治会の2〜7人
29	1957	男	c, e, 路地, 本覚寺	缶けり, 野球, ソフトボール, ドッジボール	eでは自治会の仲間(ほぼ同じ年齢) cではクラスの仲間 道路で弟と遊ぶ
30	1957	男	g, 桑畑, 蓮田, 空き地, 浄栄寺	ターザンごっこ, 鬼ごっこ, かくれんぼ, 缶けり, 野球	クラスの5〜6人
31	1957	男	B, i, 蓮, 蓮田, 空き地, 道路	魚釣り, 秘密基地, かくれんぼ, 陣取り, 釘さし, メンコ, 野球	自治会の3〜10人(いろいろな年齢)
32	1958	男	f, 用水路, 竹林, 空き地, 道路	魚釣り, 鬼ごっこ, かけっこ, 野球	自治会の5〜6人
33	1959	男	c, e, g, 蓮田, 輪中堤, 空き地, 自宅の庭	蓮の実取り, ターザンごっこ, 鬼ごっこ, かくれんぼ, 陣取り, 缶けり, メンコ, ビー玉, 野球, サッカー	自治会の6〜10人(いろいろな年齢)
34	1960	男	c	自転車乗り, 野球	同じ学年の仲間
35	1961	女	B, c, e, 駐車場, 自宅	かくれんぼ, 陣取り, ままごと, ゴム飛び, 縄跳び, 野球	自治会の同学年の5〜6人
36	1963	女	c, g, 空き地, 自宅の庭	鬼ごっこ, 缶けり, ままごと, ドッジボール	自治会の同学年の2〜5人

表中の「よく遊んだ場所」の記号は図 9-2 の凡例と同一である.
「よく遊んだ遊び」に関しては,「自然を用いた遊び,境内や道での遊び,スポーツ」の順に並べた.
「魚釣り」は,釣り道具を使うものだけではなく,水生生物を捕まえる行為も示す.

(聞き取り調査により作成)

表 9-7　現代の子どもの世代による竹鼻町内の遊び空間・遊び・遊び仲間

番号	生年	性別	よく遊んだ場所	よく遊んだ遊び	遊んだ仲間
37	1974	男	c, d, g, 用水路, 駐車場	魚釣り, 野球, サッカー	クラスの7人ぐらい
38	1976	女	c, 友達の家	鬼ごっこ, 遊具で遊ぶ, ボードゲーム	クラスの4〜10人ぐらい
39	1976	女	d, e, f, g, h, i, 駐車場, 友達の家	鬼ごっこ, ドッジボール, バスケットボール, バドミントン, ゲートボール, 遊具で遊ぶ, ままごと	自治会の同じ学年の7〜8人 友達の家では同じクラスの5人ぐらい fでは同じ塾の10人ぐらい
40	1976	女	a, b, c, f, g, 畑, 水田, 道路	魚釣り, 木登り, 鬼ごっこ, ゴム飛び, ドッジボール	c, gではクラスの3〜4人 他では同じ自治会（いろいろな年齢）
41	1978	男	c, d, e, h, 水田, 秋葉神社	魚釣り, 鬼ごっこ, 野球, ドッジボール	同じクラスの5〜10人
42	1979	女	c, 道路	鬼ごっこ, ドッジボール, ローラースケート	同じクラスの2〜15人
43	1980	女	c, 家の前, 友達の家	鬼ごっこ, バドミントン, ドッジボール, ままごと	家の前では習い事の3人 友達の家ではクラスの6〜7人 cでは同じ学年の10人ぐらい
44	1982	男	c, d, 水田, 道路	泥投げ, 野球, ドッジボール, バスケットボール, サッカー	同じ学年の3〜20人
45	1982	男	c, d, 道路, 自宅	野球, バスケットボール, テレビゲーム	同じ学年の2〜6人
46	1983	男	c, d, 道路, 自宅	野球, バスケットボール, サッカー, バドミントン, テレビゲーム	同じ学年の2〜18人

表中の「よく遊んだ場所」の記号は図 9-2 の凡例と同一である.
「よく遊んだ遊び」に関しては,「自然を用いた遊び, 境内や道での遊び, スポーツ」の順に並べた.
「魚釣り」は, 釣り道具を使うものだけではなく, 水生生物を捕まえる行為も示す.

(聞き取り調査により作成)

や水田, 蓮田での遊びは減少したが依然として存在し, 水辺の空間での遊びが消滅したわけではない. ただ, 泥だらけになる遊びは, 一部の例外をのぞいては, ほとんど見られなくなる.

現代の子どもの遊び空間の多くは, 公園, グランドであることがわかる（図9-2）. 現在では児童を様々な危険から守るために学校では公園やグランドで外

a) 1963年　　　　　b) 1979年

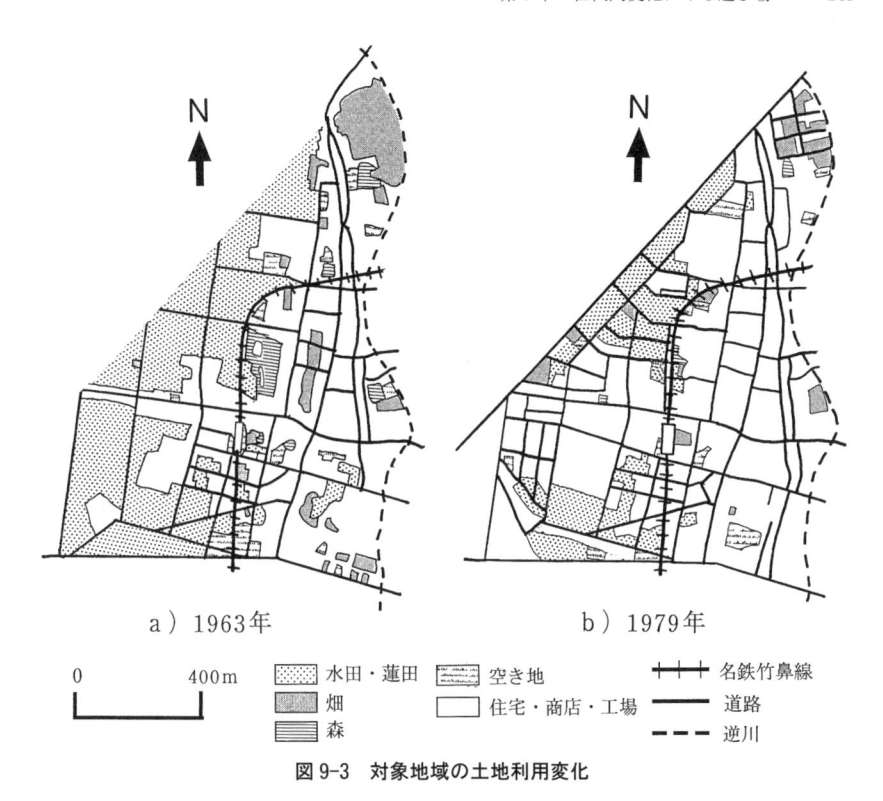

0　　400m	水田・蓮田	空き地	名鉄竹鼻線
	畑	住宅・商店・工場	道路
	森		逆川

図9-3　対象地域の土地利用変化

遊びをするように指導している．また，父母，祖父母の世代で遊び空間とされた空き地が減少したことも，外遊びの空間が公園，グランドに集中していった原因だと考えることもできる（図9-3）．空き地の中には駐車場に土地利用が変化したところもあり，子どもが遊べる場合もあるが，その場所の所有者や管理者によって禁じられてしまう場合も多い．

　竹鼻町内には，先に示した，田畑，空き地以外にも，先の二つの世代が遊び空間としてきた池，用水路，寺，神社，道，大きな家の庭などが現在でも存在する．しかし，これらの場所でこの世代の子どもが遊ぶことは許可されていない．このように，今日，子どもが自由に入り込める空間は先の二つの世代に比

べ大幅に減少してしまった．

　現代の子どもの遊びとして，野球，サッカー，バスケットボール，ドッジボールなどの球技が多く挙げられた．これらはルールのしっかりとした一種のスポーツであり，小学校の体育の授業で取り上げられるものもある．他に，ローラースケートなど，道具を用いる遊びがそれまでの世代と比べて増加した．

　遊び仲間は，自治会単位で集まることが少なくなる．そのかわりにクラスの仲間，同学年の仲間での遊びが増加する．父母の世代まで残されていた縄張り意識もほぼ消滅し，遊び空間の範囲も，自分の所属する自治会を越えるようになった．また，学校のグランドで，ドッジボールや野球などを行うため大人数の遊び仲間が必要となる．そのため，特に男子は，大人数で遊ぶことも多い．遊ぶ際は学校が終わるときに，あらかじめ遊ぶ約束をしてから遊びに出かけるようにもなる．

　現代の子どもでは，対象地域内で遊び空間が小さくなるだけではなく，仲間の形成も，習い事などから難しくなる．また，遊び仲間は多くの場合，同じクラスの仲間となり，同じ年齢の仲間で遊ぶようになった．ただ，習い事のために，先の二つの世代と比べ，自分の居住地から遠く離れた場所でも活動する機会を得ていることもわかった．

　以上のように遊び空間の時代変化をみてきた．特に空間に注目してみた場合，遊び空間の変化の要因は大きく分けて二つある．一つが土地利用の変化であり，もう一つが遊びが許されない空間の増大である．空き地や農地が宅地などに変わり，遊び場として利用できなくなったことが遊び空間の変化を生みだした．そして，遊びの利用が許されない空間が増大し，水田や畑，寺社は変わらず残っているものの，時代とともに遊び場として利用できなくなった．これらが，遊び空間減少の要因である．

　次章では特に後者の要因に注目して，検討を加える．

（大西宏治）

第10章　社会の変化と遊び空間

　前章で遊び空間の世代間変化の要因として，土地利用の変化と遊びが許可されない空間の増大があるとした．後者のような空間をドメイン（domain）という（ヘーゲルストランド，1991訳）．ドメインとは時間地理学の用語で，規制，法律，慣習などにより，ある特定の人間以外が入ることのできない管理領域のことをいう．たとえば，スポーツクラブなどは会員のみが利用でき，会員ではないものは利用できない．このようにある特定の人間が利用でき，そのほかは利用できないような空間のことである．

　本章ではドメインの増大や子ども観の時代変化という視点から，遊び空間を考えてみたい．ここで取り上げる事例は前章と同様，岐阜県羽島市で実施した調査である．

(1)　ドメインの増大

　外遊びの可能な土地利用であっても遊ぶことが許されない場所が世代とともに増加する．たとえば，父母の世代，祖父母の世代に遊び空間として使うことのできた寺や神社，川，そして現在でも残る畑や水田，蓮田を遊び空間とする子どもが現在はほとんどみられない．これらの遊び空間の減少は，①子ども

に荒らされたくない，②危険から子どもを遠ざける，③親の養育態度の変化，という三点から説明できる．まず，①については，現代の子どもの世代では，寺や神社で遊ぶと「境内が荒れる」，「うるさい」という苦情が出るようになる．畑，水田や蓮田は現在でも対象地域内に残っているが，そこに子どもが入ると，畑が荒れるなどの苦情が農家から学校に届くようになり，遊び空間として利用できなくなった．②については，祖父母や父母の子ども時代，遊び空間になっていた用水路や川で遊ぶことを，今は学校で禁止するようになった．③については，子どもが泥だらけで遊ぶことを親が快く思わなくなったことや，危険な遊びを禁じるようになったために，畑，水田等での遊びが減少したと考えられる．このように，現代の子どもは，遊びに利用できる空間が物理的に減少しただけではなく，物理的に遊べる空間があっても，子どもにとって入ることを許可されないドメインが増大し，遊び空間が減少した．

(2) プログラム化の進展

　世代が新しくなるにつれ，都市計画等で大人が用意した「公園」「グランド」などが遊び場となる．このことは，大人の効率のために，子どもの生活を一定の仕組みの中に押しこんでいるといえる．このように一定の仕組みに組み込むことを「プログラム化」[1]と呼ぶことにする．たとえば，道路は自動車が通る場所であり，駐車場も自動車とは関係のない子どもが入ると危険である．そのため，道路，駐車場で子どもが遊ばないことが望まれる．そして，子どもがそのような場所で遊ばないような仕組みを大人が用意する．このような例がプログラム化である．

　生活時間も時代とともにプログラム化が進行している．現代の子どもは，放課後も，塾など様々な課外活動に時間を費やし，放課後の活動はあらかじめ計画されている．これに対して，前章で行った聞き取り調査では，父母，祖父母の大部分は「暗くなったら帰る」であった．そして一部には夕食後，再び外に

出て遊ぶ経験を持つものがいた．しかし，現代の子どもに，そうした行動はみられない．1979年には，羽島市が農業労働者に時間を知らせるために使用していたサイレンの音が，「夕焼けこやけ」のメロディーチャイムにかわり[2]，子どもはそのメロディーチャイムの鳴る時刻に合わせて帰宅するようになった．このように，時間の面でも，子どもの生活は大人の管理下にあり，プログラム化されていると言える．

最後に，「仲間」に関して，世代が新しくなるにつれ，1人当りの習い事の数が増加し，子どもの生活時間が習い事に規定されることから，子どもどうしで遊び仲間を形成するのが困難となった．このように，生活時間のプログラム化は，仲間の形成にも影響を及ぼしている．

以上のように，子どもの生活空間は，世代が新しくなるにつれて，「空間」，「時間」の両面で，プログラム化されていくことがわかり，それが「仲間」の形成に対して影響を及ぼしていると言える．

(3) デイリーパスからみる遊び空間の時代変化

ドメインの増大，プログラム化などを含む子どもの生活時空間を図10-1に要約した．各世代の放課後のデイリーパス（daily path）を模式的に描き，一般化した．三世代ともに仲間と一緒に遊ぶ時間は，小学校の終業後から夕暮れ過ぎまでの時間である．このことから，縦軸の時間軸に，終業後からの時間をとり，夕暮れの時間も入れた．横軸は概念的な空間であり，対象地域内の自治会をX自治会，Y自治会と示す．それぞれの自治会内には，寺，小学校という遊び空間があり，そこで子どもが集い，遊びを展開する．また，X自治会には伝統的な習い事であるそろばん教室が存在する．一本の線が，子ども一人の時空間内での軌跡を表し，4人の子どもの軌跡が描かれる．その軌跡が数本集まり，遊び集団のバンドル（Bundle）[3]が形成される．

図10-1aは祖父母の世代の生活空間の概念図である．自治会ごとの縄張り意

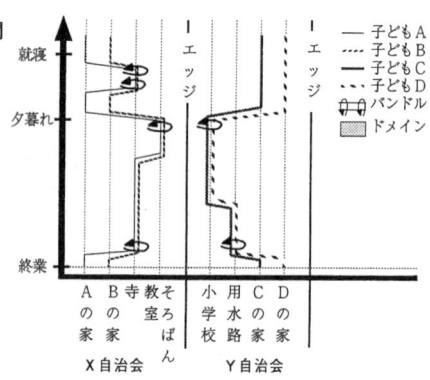

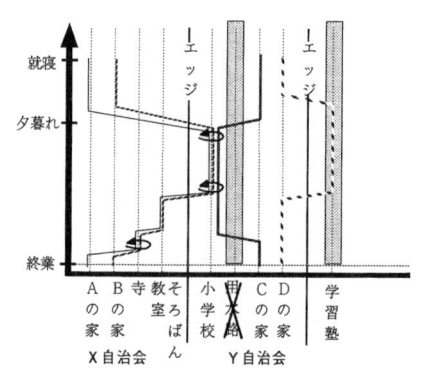

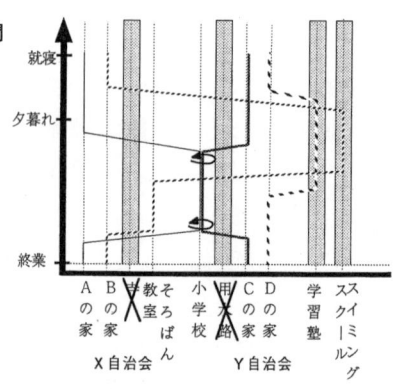

図10-1　子どもの1日のデイリーパス

識があり,各自治会の境界線をエッジとして明確に認識していた.そのため,遊びは各自治会の中で完結した.X自治会内の寺ではX自治会の子どもが集まり遊ぶ.子どもAやBは同じ自治会に所属するので,一緒に遊ぶことが多く,また,習い事のそろばんも一緒に通っている.夕暮れまで遊び,夕暮れになると家に帰る.夏の夜は夕食の後,外に出て遊ぶこともあった.Y自治会では小学校,用水路といった場所が遊び空間となっていた.Y自治会内に居住する子どもCとDはやはり一緒に遊び,その範囲は自治会内で完結していた.学校から帰ると,用水路で釣りをする.それに飽きると,小学校に移動し遊び続ける.祖父母の世代は自分の自治会内ならば,どこにでも自由に入り込むこともでき,夜に外へ出ることができた.

次に図10-1bの父母の世代は,小学校にプールができたことで,用水路などでの水遊びが禁止され,用水路での遊びは少なくなった.また,祖父母の世代と比べ,自治会ごとに子どもの持つ縄張り意識が薄れ始める.そのため,自分の居住する自治会外の場所を遊び空間とすることもある.また,祖父母の世代と比べ,利用できる遊び空間が減少し,多くの子どもが同一の遊び空間を利用する傾向が出始める.小学校はいろいろな自治会の子どもが一緒に遊ぶようになる.小学校で遊ぶ際,同じクラスの仲間と遊ぶ傾向が出始める.クラスの仲間との遊びの発生は,自治会内の子どもどうしの知り合う機会が減少したことも影響している.自治会Xでは,子どもA,Bともに寺で遊んだ後,そろばん教室へ行き,その後,自分の自治会を出て小学校で遊び,帰宅している.Y自治会では,子どもCが小学校から帰った後,また小学校に出かけ,遊んでいる.ところが,子どもDは学校から帰った後,家で時間を過ごし,学習塾に出かける.子どもDは学習塾に行くために,学校から戻っても遊びに行くことができない.そのため,塾の前の時間を自分の部屋で過ごすことになる.このようにして,父母の世代では,近隣の子どもと遊ぶ時間を確保できない子どもが出現し始め,自分の所属する自治会の仲間との関係を希薄にしていった.

図10-1cは現代の子どもの場合である.祖父母の世代,父母の世代で遊び空

間だった場所が，子どもの進入が許されないドメインとなった．たとえば，X自治会内の寺は，境内が荒れる等の理由から子どもの進入が制限されてしまった．そのため，X自治会には遊ぶことのできる場所がなくなってしまい，遊ぶためには隣の自治会まで出かけなければならなくなった．X自治会とY自治会の子どもの遊び空間は，必然的に小学校か家の中となる．X自治会内の子どもAは小学校から帰ると，また小学校に遊びに出かける．その小学校にはY自治会の子どもCが遊んでおり，一緒に遊ぶことになる．自治会ごとの縄張り意識はこの世代では消失し，遊ぶ仲間は学校でお互いによく知っており，遊ぶ約束も簡単にできる同学年やクラスの仲間となる．遊びも野球，サッカーなど比較的広いスペースが必要とされ，大人数の，ルールも比較的はっきりしている，いわゆるスポーツ的な遊びを行うようになった．

現代の子どもの世代では，多くの子どもが何らかの習い事に通い，一人当たりの習い事の数も増加する．X自治会の子どもBは学校から帰ると，しばらくしてからそろばん教室に行く．そろばん教室が終わると次はスイミングスクールへ行く．習い事を掛け持ちしているため，近隣の仲間と遊ぶことはできない．また，子どもDは学習塾へ通うために，近隣の仲間とは遊べない．子どもBやDの通う学習塾やスイミングスクールは，そろばん塾にあるような自治会単位の人間関係はないが，近隣の仲間とは異なる仲間と友人関係を結ぶ．

学習塾，スポーツクラブ，ピアノ教室などは，そこに通っている子どもだけが，その場所に入り，そこで時間を過ごすことができる．つまり，これらは，一種のドメインであると考えることができる．このようなドメインの増加から，現代の子どもは，過去の子どもが出会うことのできないような，自分の居住地から遠く離れたところに住む子どもとも友人関係を持つことができるようになった．

世代が進むにつれて，ドメインの成立や土地利用の変化から遊び空間が減少し，自分の近隣の仲間と触れ合う機会が減少した．そのため，遊ぶ仲間が学校

内で知り合う機会の多い，同学年，同じクラスの仲間となっていく．また，時代とともに，戸外での遊び時間に一定の制約がかかるようになり，それが遊ぶ機会の制約となった．習い事の増加から，近隣の仲間と遊ぶ時間が減少し，仲間関係も希薄になっていった．これらのことが有機的に結びついて子どもの生活空間を変化させていった．

子どもは探索行動などによって，自分の近隣の環境を濃密に認識するようになる．そして「あそこまで自分の力で行ける」，「こんな遠い場所のことも自分は知っている」といった思いが自己の有能感や充実感につながっていくとされている（Hart, 1979）．しかしながら，世代が進むにつれて，自分の近隣に濃密に触れ合う機会が減少しており，そのような形で子どもの自己の有能感や充実感を獲得することは難しくなっている．

ただ，現代の子どもは，自分が望み，費用を支払い，ある一定の時間を投入すれば，自分が身を置くことができるという習い事の場を新たなドメインとして獲得した．スポーツクラブや学習塾など何らかの習い事に通うことによって，過去の世代が持っていたものと異なる質の新たな仲間を得ていると考えられないだろうか．習い事の場は，過去の子どもたちが持ちえなかった新たな空間となっている．さらに例を挙げるならば，夏休みには，塾へ行く，家族で海外旅行に行く，ボーイスカウトでキャンプにと，現代の子どもは自分の近隣で生活しているだけでは経験できないことを経験できるようになった．つまりは，子どもは空間・時間・仲間を失ったのではなく，世代とともに，質の異なる空間・時間・仲間の中に生活するようになったとみることもできるのではないだろうか．

（大西宏治）

［注］
1) リンチ（1980）は遊び場としてあらかじめ用意されていない場所で子どもが遊ぶことがあることを指摘し，そのような場所を非予定空間（unprogrammed space）と呼んだ．本稿で用いるプログラム化という用語は，ここに由来する．

2) メロディーチャイムの鳴る時間は日没に合わせるため，季節ごとに異なり，1, 2, 10月は17：00, 3, 4, 9月は18：00, 5, 6, 7, 8月は18：30, 12月は16：30となっている．
3) バンドルとは，個人の時空間パスが集合したものをいう．バンドルを形成するためには，複数の人間が同じ時間に同じ場所にいる必要がある．

エピローグ：
子どもにとっての地理空間の回復に向けて

　本書で見てきたとおり，子どもたちはどの時代でも地理空間の中に含まれる様々な事物（自然，人間，建造環境）とふれ合いながら，自分たちの暮らす街の様子を知り，地域社会の人々を知り，友人関係を築きながら大人へとなっていった．しかしながら，時代の変化とともに，子どもたちの成長を支えていると考えられる「友達と一緒に屋外で地域社会をふれあう機会」が大きく減少していった．屋外空間の経験の減少は少子化や子どもの生活時空間の時代変化から生じた現象であるから，歴史の自然な成り行きであると受け入れるのは簡単であるが，果たしてそれが良いことなのであろうか．

　子ども時代に身体を通じて得た空間の感覚は大人になったとき，街を歩くときに活用されることもあるだろうし，「原風景」という言葉にあったとおり，人によっては自分の生まれ育った土地に対する愛着が心の底にあることで，現在の自分のアイデンティティが保たれていることがあるかもしれない．

　このように考えると，現代，そして未来を生きる子どもたちが戸外空間にふれ合い，街を自分の「原風景」とすることができるような活動が可能な街を残し，そしてつくっていかなければならないのではないだろうか．

　街は人間が作ったものである．暮らす街を体験することが子どもたちの地理空間に対する認識を形成するのであれば，子どもたちの屋外遊びが成立しやす

い街を新たに考案し，みんなで作っていけばよいのではないだろうか．

　本書を通じて，まず読者の多くは，最初の地理への航海を開始した．その航海は人生を通じて続く．これから様々な機会に，今まで体験したこともないような環境で暮らすことになるだろう．そのようなとき，自分の身近な環境に適応していくのもまた航海である．

　みなさんの大半は，将来，地域社会で住民として暮らしていくことになるであろう．多くの人たちは家庭を持ち，子どもを設け，地域社会で普通の人として暮らしていくことだろう．その時にまた新たな大航海に乗り出すことになる．この航海は決して受動的なものではなく，自ら舵を取り，自分の道を切り開きながら目的地に向かっていくものである．

　近年，自らの暮らす街に対して意見表明できる機会が増えつつある．現在，日本では「まちづくり」へ住民が参画する動きが始まっている．「まちづくり」という言葉はわざわざ言うまでもなく「まち」を「つくる」という意味であり，これまで所与のものとして住民が考えていた「まち」を住民の考えも織り交ぜながらつくることができるようになりつつある．そして「どのようなまちをつくりたいですか？」と言われたとき，理想論や観念的な意見ではなく，具体性があり，みんなが納得できるような，そして実現可能な提案が求められる．そのようなとき，具体的なことを住民として発言できるかどうか，地理で学んだ地域をみるまなざしを通して身近な地域のことを考え，いろいろな地域をみた経験，つまり地理の航海の経験が多ければ多いほど，いろいろな提案をすることができるだろう．この提案というものが自ら舵を取る航海なのである．

　また，次代を担う自分たちの子どもがどのような街で育って欲しいかという価値観をまちに投影することができる．「まちづくり」は別に街のハードを創ることだけを指すのではない．地域コミュニティ全体で既存のまちをこれまでとは異なる方法で活用することなども意味する．これまで見てきたとおり，現代の子どもたちは物理的には遊ぶことができるような場所でも遊ばなくなっている．既存の街をどのように活用すれば子どもたちは屋外に出て，豊かな街の経

験を積み重ねることができるのか，次世代の子どもたちが新たな地理の航海に出かけられるような環境をどのようにすれば創り出せるのか，みなさんが地域に暮らすようになったとき，本書を参考にしながら考えてもらえれば幸いである．

最近，少年犯罪に代表される屋外の様々な危険，子どもの生活時空間がプログラム化され，屋外遊び，友達との遊び時間を確保するのが難しいなど，子どもの地理空間にとって暗い話題が多い．その結果，子どもが地理空間を生き生きと感じる機会が減少している．

子ども時代に地理空間を生き生きと感じる経験は子どもが大人になったとき，心の支えになるに違いない．今風の言葉で言えば，「生きる力」になるに違いない．

このような時代にこそ，地域社会に暮らす人々みんなで知恵を出し合い，それぞれの地域の事情に適した「まちづくり」を行い，子どもが地理空間を航海できる社会を創りだして欲しい．これが本書の執筆者たちの願いである．

(大西宏治)

引用文献・参考文献

アリエス，杉山光信訳（1980）：『〈子供〉の誕生』みすず書房
安藤美紀夫（1981）：『現代児童文学の世界』毎日新聞社
泉　貴久（1993）：近隣空間における児童の知覚環境の特性とその発達－広島市を事例として－．地理科学，48，33-52．
岩本廣美（1981）：子どもの心像環境における「身近な地域」の構造．地理学評論54，127-141．
岩本廣美（1989）：『フィールドで伸びる子どもたち－探検・地図・自然と学習－』日本書籍
ウェルナー（鯨岡　峻・浜田寿美夫訳）（1976）：『発達心理学入門』ミネルヴァ書房．
大西宏治（1998）：岐阜県羽島市における子どもの生活空間の世代間変化．地理学評論，71，pp.679-701．
大西宏治（1999）：手描き地図からみた子どもの知覚環境－山村の事例－．新地理，47，1-13．
大橋和華（1994）：『大学生からの伝言－私はこうして遊んだ－』近代文芸社
大屋霊城（1933）：都市児童遊戯場研究，園芸学会誌，4，1-80．
奥野健男（1989）：『増補　文学における原風景』集英社
落合恵美子（1994）：『21世紀家族へ－家族の戦後体制の見かた・越えかた－』有斐閣
木下　勇（1997）：『遊びと街のエコロジー』丸善
小池　聡（1996）：農村における子どもの遊びと「地域体験学習」に関する調査報告．農村計画学会誌，15，21-28．
小嶋秀夫（1992）：社会・文化と発達．東　洋他編『発達心理学ハンドブック』有斐閣，1141-1150．
斎藤　毅（1978）：「児童の「心像環境」と世界像に関する方法論的一考察」，新地理24，54-64．
斎藤　毅（1988）：1970年代以後のわが国における地理教育研究の一潮流．地理学評論，61，632-642．
住田正樹・南　博文（2003）：『子どもたちの「居場所」と対人的世界の現在』九州大学出版会
関谷嵐子（1984）：後期教育世帯における子供の私的空間－高度経済成長期とその後における住宅問題の一側面．北海道教育大学紀要第1部B社会科学編, 35(1), p25-38.

仙田　満（1984）:『こどもの遊び環境』筑摩書房
仙田　満（1992）:『子どもとあそび』岩波書店
谷　直樹（1980）:ルートマップ型からサーベイマップ型へのイメージマップの変容について，教育心理学研究，28-3，19-23．
寺本　潔（1984）:子どもの知覚環境の発達に関する基礎研究－熊本県阿蘇谷の場合－．地理学評論，57，89-109．
寺本　潔（1988）:『子ども世界の地図』黎明書房
寺本　潔（1990）:『子ども世界の原風景』黎明書房
寺本　潔（1994）:『子どもの知覚環境－遊び・地図・原風景をめぐる研究』地人書房
寺本　潔（1991）:遊びを継ぐとはどういうことか．農山漁村文化協会編『現代農業増刊引き継ぐ教育』，農山漁村文化協会，107-110．
寺本　潔（1993）:子どもの知覚環境と遊び行動－人文主義的地理学からのアプローチ－．国立民俗博物館研究報告54，5-52．
寺本　潔（1994）:子どもの知覚環境研究の展望－メンタル・マップと地理的原風景－．愛知教育大学研究報告，43，75-88．
寺本　潔（2003）:子どもの知覚環境形成に関する研究と教育の動向．人文地理 55-5，477-491．
寺本　潔・石川純子（1994）:子どもの知覚空間内における音・におい環境の基礎的構造－愛知県吉良町横須賀地区の場合－．愛知教育大学自然観察実習園報告，14，25-33．
寺本　潔・岩本廣美・吉田和義（1991）:子供の手描き地図からみた知覚空間の諸類型．愛教大研究報告，40，95-110．
寺本　潔・大井みどり（1987）:近隣における子どもの遊び行動と空間認識の発達－愛知県春日井市の場合－．新地理，35，1-20．
寺本　潔・大西宏治（1995）:子どもは身近な世界をどう感じているか－手描き地図と写真投影法による知覚環境把握の試み－．愛知教育大学研究報告，44，101-117．
ハート, R., ムーア, G. T.（吉武泰水監訳）（1976）:空間認知の発達．ダウンズ・ステア『環境の空間的イメージ』鹿島出版会，266-312．Hart, R. and Moore, G. T.,（1973）: The development of spatial cognition: a review. Downs, R. M and Stea, D., eds. "Image and Environment", Aldine, pp.246-288.
ピアジェ（波多野完治・滝沢武久訳）（1960）:『知能の心理学』，みすず書房
久　隆浩・鳴海邦碩（1992）:子どもと地域投影法の試み，第27回日本都市計画学会学術研究論文集，715-720．
久武哲也・長谷川孝治（1993）:『改訂増補　地図と文化』地人書房
藤本浩之輔（1974）:『子どもの遊び空間』日本放送出版協会
ヘーゲルストランド, T.（荒井良雄訳）（1991）:地域科学における人間，荒井良雄他

編訳『都市の空間 生活の時間』古今書院, 5-24. Hägerstrand, T. (1970): What about people in regional science. Paper and Proceedings of Regional Science Association, 24, pp.7-21.

野田正彰 (1988):『漂白される子供たち』情報センター出版局

松村公明 (1992):児童の県内空間認識の形成－茨城県つくば市の児童を事例として. 新地理, 40-3, 29-41.

モルテンソン (岡本耕平訳) (1989):子供時代の環境と時間の編成. 荒井良雄他編訳『都市の空間 生活の時間』古今書院, pp.61-97. Mätenson, S. (1997): Childhood interaction and temporal organization. Economic Geography, 53, pp.99-125.

山野正彦 (1985):子どもの空間知覚－スリランカと日本の調査事例から－. 岩田慶治編『子ども文化の原像－文化人類学的 視点から－』日本放送出版協会, pp.37-63.

リンチ, K. 著, 丹下健三・富田玲子訳 (1968)『都市のイメージ』岩波書店. Lynch, K. (1960) The image of the city. Cambridge: MIT Press.

リンチ, K. 著, 北原理雄訳 (1980):『青少年のための都市環境』鹿島出版会. Lynch, K. (1977): Growing up in cities: studies of the spatial environment of adolescence in Cracow, Melbourne, Mexico city, Salta, Toluca, and Warszawa, Cambrige: MIT Press.

Golledge, R. G. (1978): Learning about urban environments. Carlstein, T., etal. eds.: Timing Space and Spacong Time, Vol.1. Arnold, pp76-98.

Hart. R (1979): Children's experience of place. Irvinton Publishers, Inc., New York, 518p.

Hart, R. (1984): The geography of children and children's geographies. Saarinen, T. F., Seamon, D. and J. L. Sell eds. "Environmental perception and behavior: An inventory and prospect" University of Chicago Department of Geography Research Paper No.209. Chicago: University of Chicago Press. pp.99-129.

Hart, R. (1997): Children's participation, Earthscan ロジャー・ハート (IPA日本支部訳) (2000):『子どもの参画』萌文社

James. S. (1990): Is there 'place' for children in geography. Area, 22, 278-283.

Katz, C. (1991): Sow what you know: the struggle for social reproduction in rural Sudan. A.A.A.G., 81, 488-541.

Lowenthal, D. (1961): Geography, experience, and imagination: towards a geographical epistemology. Annals of the Association of American Geographers 51, 241-260.

Matthews, M. H. (1987): Gender, home range and environmental cognition. T.I.B.G, 12, 32-56.

Matthews, M. H. (1992): "Making sense of place" Barnes and Noble, Maryland.

Matthews, M. H. (1995): Culture, environmental experience and environmental awareness:

making sense of young Kenyan children's views of place. The geographical journal, 161, 285-295.

Philo, C. (1992): Neglected rural geographies: a review. Journal of rural studies, 8, 193-207.

Sibley, D. (1991): Children's geographies: some problems of representation. Area, 23, 269-270.

Sarah L. Holloway and Gill Valentine (2000): "Chidren's geograhies: playing, living, learning", Routledge.

Valentine, G. (1996): Angels and devils: moral landscapes of childhood. Society and Space, 14, 581-599.

Valentine, G. (1997): Safe place to grow up?', Journal of Rural Studies 13, 137-148.

Valentine, G. and McKendrick, J. (1997): Children's outdoor play: exploring parental concerns about children's safety and the changing nature of childhood. Geoforum 28, 219-235.

Valentine, G. and Skelton, T. eds. (1998): Cool place. Routledge.

Winchester, H. (1991): The geography of children. Area 23, 357-359.

Wood, D. (1985): Nothing doing. Children's Environments Quarterly 7, 2-14.

索　引

あ行

愛知県　84
愛着のある遊び場　3
アジトスペース　29
阿蘇町　56
遊び空間　6, 29-31, 133, 137, 145-147
遊び行動　8, 72, 79, 112, 129
遊び時間　6, 134
遊び集団　31, 149
遊び仲間　6, 52, 135
遊び場　3
アナーキースペース　29, 140, 142
アニミズム　10, 11
アリエス（P, Aries）　33
アンカー・ポイント理論　17
位置認識　86, 98, 100, 103, 105, 106
位置認識率　98, 104
異年齢集団　32, 141, 142
ウェルナー（H, Werner）　28
描かれた空間　58
絵地図　115
エッジ　141, 151
オープンスペース　29
お化け屋敷　74

か行

外的表象　64
春日井市　14
架空空間　112, 115
学習指導要領　99

環境知覚　28, 82, 83
環境の体験　11
記憶地名　28, 61
木曽川　131
基地づくり　2, 7
基本方位　65
ギャング・エイジ　7, 29, 44, 49, 52
距離尺度　64
距離的要因　90
空間認識　84
空間描写　115
景観標識　64
景観描写　115, 117-119, 127
結節点（ノード）　19
県内空間　86, 89, 100, 106
原風景　ii, 2, 32, 111, 112, 155
原風景画　2
公共空間　30
行動圏　95
行動範囲　110, 128
個室　6, 133
個体発生　20, 64, 67
固定的参照系　67
子ども観　34
子ども時代　113, 114
子どもの群れ　13
子ども道　14, 74
コミュニケーション　72
孤立した集落　51
ゴレッジ（Golledge, R）　17
怖い場所体験　3

昆虫少年　7

さ行

サーベイマップ　19, 21, 40, 49
サウンドスケープ　28, 76
座標系　64, 67
参照系　67
三間（遊び時間・遊び空間・遊び仲間）　6, 131
ジェンダー　27, 33
時間地理学　27, 147
自己中心的定位　67
資材置き場　140
自然児　9
自然スペース　29
自然認識　7
自伝的漫画　15
児童の行動圏　93, 95
児童文学　10, 110
清水市　15
社会科の学習領域　89
社会科の授業　87, 90, 92, 95, 97, 104
社会科副読本　92
写真投影法　70
純真無垢　34
少子化　31
少子社会　36, 54
深層意識　111
心像環境　56
心理的障壁　78
スメルスケープ　28, 76
生活者　27
世界像　124
相互協応的参照系　67
相貌的知覚　10, 28, 45, 71
外遊び　131

た行

他者　27
立田村　103
探検行動　44, 52, 112, 121-124, 127-129, 153
地域的特色　86
地域の構造化　55
知覚環境　27, 28
知覚空間　56, 65, 121, 123-127
地図学習　105
地図教育　45
地図表現　103
ちびまる子ちゃん　15
中心集落　51
中心性　97
鳥瞰　22, 43
地理教育　27, 36
地理空間　ii, 2
地理的位置　100
地理的空間認識　84
通学路　11, 62, 77
通称地名　12
使い切りカメラ　83
津具村　7
津島市　86, 88, 100
ティーンエイジャー　34, 35
手描き地図　4, 28, 38, 54-56, 59, 60, 69, 72
TVゲーム　7
動線　45, 59, 61, 64, 67, 77
動物的知覚　5
トーベ・ヤンソン　113
特産品　97
都市計画　148
トトロの世界　10

となりのトトロ　14
ドメイン　147, 148, 152

な行

内的表象　64
長良川　131
名古屋市　90, 93, 104
縄張り意識　141, 151
西尾市　86, 91, 100
認識内容　93, 95, 97
認識の山陰　107
認知行動論的研究　27
認知地図　77
認知範囲　125
ネヴァーランド　110
ノード（結節点）　19
ノスタルジー　30
ノスタルジック　32

は行

白地図　98
羽島市　131
場所体験　3
パス　62
ハート（R, Hart）　67
微視発生　20
秘密基地　2-6, 28, 74, 140
描図順序　56
藤岡町　70
フィンランド　114, 120
フォークタクソノミー（民俗分類）　9
俯角　23, 117
プライベート化　32, 35
プレイパーク（冒険遊び場）　7, 32
プレイリーダー　32
プログラム化　32, 35, 148, 149, 157

文学作品　111
文化の伝承　9
冒険　113
冒険遊び場（プレイパーク）　7, 32
捕獲経験　8
ポストモダン地理学　27, 34, 36
牧歌的　34, 54

ま行

まちづくり　26, 69, 156, 157
水辺の空間　137
身近な地域　61
道空間　15
道草行動　11, 12
道スペース　29
道普請　15
南知多町　104
民俗分類（フォークタクソノミー）　9
名称認識　86, 106
名称認識数　98, 87, 89, 90
メンタルマップ　19, 20, 55, 112, 124, 127
モルテンソン（S, Martensson）　52

や行

八百津町　38
遊具スペース　29
幽霊屋敷　129
養育態度　148

ら行

ランドマーク　19, 103-105
立面的　40
ルートマップ　19, 21, 40, 49, 77

【著者紹介】

寺本　潔　てらもと　きよし

1956年熊本市生まれ．筑波大学大学院修了．同大学附属小学校教諭を経て，現在愛知教育大学教授．専門は，人文地理学，社会科教育学，環境教育．子どもを取り巻く環境への参加型学習，都市計画と子どもなどを視点に学校や行政，市民をつなぐ「町づくり学習」を展開．生活科（大日本図書）や小・中学校社会科（大阪書籍）教科書，地図帳（帝国書院）の著者でもある．文部省学習指導要領作成協力者や名古屋新世紀2010審議会委員，豊田市景観まちづくり賞選考委員，日本地理学会代議員，中央教育審議会専門委員なども務めた．主著に『子ども世界の原風景』（黎明書房）や『子どもの知覚環境』（地人書房），最新刊に『風土に気付き地域を再発見する総合学習』（共編，明治図書）がある．

大西　宏治　おおにし　こうじ

1969年旭川市生まれ．名古屋大学大学院博士課程後期満期退学．同大学助手を経て，現在富山大学人文学部助教授．専門は，人文地理学，子ども文化研究．地理情報システム（GIS）の児童・生徒による活用に関する研究や，GISを活用した子育て支援に関する研究を行う．また，名古屋の子育て支援の市民グループとともに子育てしやすいまちづくりに関する実践活動を行っている．

書　名	子どもの初航海——遊び空間と探検行動の地理学
コード	ISBN978-4-7722-5084-9　C3037
発行日	2004年4月5日　初版第1刷発行 2006年2月28日　初版第2刷発行 2008年12月22日　初版第3刷発行
著　書	寺本　潔・大西宏治 Copyright ©2004 Kiyoshi TERAMOTO, Koji ONISHI
発行者	株式会社古今書院　橋本寿資
印刷所	株式会社カシヨ
発行所	古今書院　〒101-0062　東京都千代田区神田駿河台2-10
TEL/FAX	TEL03-3291-2757／FAX03-3233-0303
振替	東京00100-8-35340番
ホームページ	http://www.kokon.co.jp/

検印省略・Printed in Japan